北海道 神社のお祭り&限定御朱印カレンダー

神社で催される神事のうち、本書で紹介したお祭りの限
定御朱印や授与品が頂ける期間がひと目でわかるカレ
こちらで紹介しているのはほんの一部。詳細は神社にお
ください。また、暮らしに取り入れたい季節の行事も紹

1 2 3 4 5 6 7 8 9 10 11 12 13 14 15 16 17 18 19 20 21 22 23 24 25 26 27 28 29 30 31

1月

★初詣

祭り
1/1 歳旦祭
(手稲神社/札幌市 P.62)

御朱印
1/
正
(新

七種類の若菜を…
ゆを食べ、1年間の無病息災
を願います。「人日(じんじつ)
の節句」ともいいます。

祭り
1月第3日曜(毎年異なる)
古神札焼納祭
(錦山天満宮/江別市 P.110)

五節句って何?

「節句」の「節」とは季節の変わり目のこと。季節の変わり目に邪気を祓う目的があり、神社でも節句に関する行事が行われています。節句は1/7の「七草の節句」、3/3の「桃の節句」、5/5の「端午の節句」、7/7の「七夕の節句」、9/9の「重陽の節句」の5つがあります。

2月

祭り
2/1 節分祭
(新琴似神社/札幌市 P.60)

祭り
2/3 節分祭
神社/札幌市 P.116)
垢離《ずごり》祭
神社/函館市 P.84)

限定授与品
1~3月
はげない御守り
(テレビ父さん神社/札幌市 P.114)

毎月異なる限定御朱印

「厳島神社(釧路市)」や「金吾龍神社(小樽市)」では、毎月異なるデザインの御朱印が頂けます。季節や行事をモチーフにしたカラフルな御朱印は、見ているだけで心が弾みます。

3月

column
3/3 桃の節句
「ひいな遊び」といわれる人形遊びと、紙の人形(ひとがた)を川に流して厄災を祓った「流し雛」が合わさり、女の子の誕生や成長を祝う行事として定着しました。「上巳(じょうし)の節句」ともいいます。

祭り
3/3 お人形感謝祭
(音更神社/音更町 P.68)

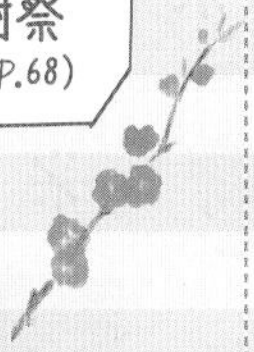

れ
た
。

7～12月

9月

祭り

column

とされ、そのなかで最も
る9月9日はとても縁起
を移した菊酒を飲み、邪
句」ともいいます。

祭り

9/4～5　例祭
(札幌村神社／札幌市 P.116)
※日にちは2024年のものです。

祭り

.109)

祭り

9/9～11　例祭
(大森稲荷神社／函館市 P.58)

9/9　健康祈願祭
(厳島神社／釧路市 P.117)

祭り

14～16
季例大祭(いわみざわ秋まつり)
見澤神社／岩見沢市 P.66)

祭り

.120)

祭り

2)
す。

祭り

P.60)

祭り

祭
P.113)

10月

月見は十三夜と十五夜に

月見を行う日は旧暦の8月15日(十五夜)と9月13日(十三夜)があります。月を眺めながら団子などを食べる風習がありますが、お供えをするようになったのは江戸時代中期以降。この時期に収穫を迎える里芋の豊作を祈ってお供えをするようになったそうです。

限定授与品

積雪～春分の日
雪だるま交通安全御守
(音更神社／音更町 P.68)

10/28　大沼国定公園
安全祈願祭(開山祭)
(大沼駒ケ岳神社／七飯町 P.125)

11月

祭り

11/7　渡辺数馬慰霊祭
(鳥取神社／釧路市 P.90)

column

11/23　新嘗祭《にいなめさい》

天皇がその年の収穫を神に感謝する宮中行事のひとつです。天皇が即位後に初めて行う新嘗祭を大嘗祭(だいじょうさい)といい、その中心儀式が2019年11月14～15日に行われました。新嘗祭は全国の神社でも行われていて、神社によっては一般の人も参加することができます。

12月

冬季の北海道の神社

冬の寒さが厳しい北海道の神社では、水道管などの凍結・破裂を防ぐため、冬期に限って手水舎の水を止める場合が多くあります。また、参道に積もった雪が踏み固められ、滑りやすくなっている場合もありますので、足元には十分注意しましょう。

column

12/31　年越しの祓

多くの神社では形代(人の形をした紙)で体をなで、息を吹きかけて体の穢れや罪を移したり、大祓詞(おおはらえのことば)を唱えたり、境内に作られた茅や藁の輪をくぐり、心身を清めます。

祭り

12/31～1/1
合格祈願祭
(栗山天満宮／栗山町 P.113)

※お祭りの日程等は変更になることがあります。各神社にお問い合わせください

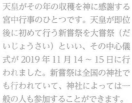

集めるごとに
運気アップ！

御朱印でめぐる
北海道の神社

週末
開運
さんぽ

改訂版

御朱印、頂けますか？
のひと言からはじまる幸せ

もともと、お寺で納経をしたときに、
その証として授与していた御朱印。
今では参拝の証として、
気軽に頂けるようになり、
最近では女性を中心に
集める人が増えています。

集めてみたいけれど
なんだかハードルが高そうで
踏み出すのをためらっていませんか？

大切なのは感謝の気持ちとマナー。
（マナーは本書で詳しくお伝えします！）

北海道神宮（札幌市）

本書では、御朱印がすばらしい、
御利益が凄い、と評判の高い
北海道の神社を約800社のなかから
徹底リサーチし、厳選しました。
取材を通じて、すばらしい神社と
御朱印にたくさん出合いました。
結婚や出会い、金運、仕事運……。
参拝や御朱印集めがきっかけで
幸せになった方の話を神社の皆さんから
たくさん教えてもらいました。
初めてでも
「御朱印、頂けますか?」と
勇気を出して、ひと言を。
きっと神様と御朱印が、幸せを
運んでくれることでしょう。

この本と御朱印帳を
持って出かければ
もっと楽しくなる!
もっと幸せになる!!

本書の楽しみ方

御朱印集めが楽しくなる情報と運気アップの秘訣を詰め込みました。
初めての方は第一章から、ツウの方は第三章から読むのがおすすめ。もちろん御朱印をぱらぱら眺めるのも◎です。

目次 御朱印でめぐる北海道の神社 週末開運さんぽ　改訂版

COLUMN

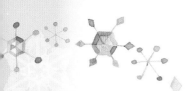

本書をご利用になる皆さんへ

※本書に掲載の神社はすべて写真・御朱印の掲載等許可を頂いています。掲載許可を頂けなかった神社は掲載していません。

※掲載の神社のなかには神職が少なく、日によっては対応が難しい神社や留守の神社、書き置きで対応している神社などもあります。あらかじめご了承ください。

※本書のデータはすべて2024年3月現在のものです。参拝時間、各料金、交通機関の時刻等は時間の経過により変更されることもあります。また、アクセスやモデルプランなどにある所要時間はあくまで目安としてお考えください。

※神社名・神様の名称・施設名等は各神社で使用している名称に準じています。

Part3 金運

Part4 美容♦健康

Part5 仕事♦学業

Part6 レア御利益

北海道 神社 おさんぽマップ

北海道には、約800社の神社があります。
本書ではそのなかから御朱印と御利益の凄い神社を厳選。
マップを見ながら、近くの神社から御朱印めぐりをスタートしてみませんか!

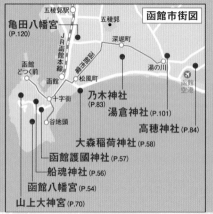

北門神社(P.104)
稚内駅
稚内空港
道北
宗谷本線
羽幌神社(P.104)
オホーツク紋別空港
士別駅
士別神社(P.73)
北海道護国神社(P.71)
上川神社(P.96)
津軽駅
石北本線
留萌神社(P.122)
留萌駅
比布神社(P.88)
増毛厳島神社(P.74)
留萌本線
永山神社(P.72)
旭川駅
旭川神社(P.85)
道東・オホーツク
芽生神社(P.86)
深川駅
旭川空港
江部乙神社(P.121)
滝川駅
美瑛駅
美瑛神社(P.76)
新十津川駅
根室本線
富良野線
南幌神社(P.95)
札沼線
上富良野神社(P.73)
錦山天満宮(P.110)
空知神社(P.87)
富良野駅
中富良野神社(P.121)
住吉神社(P.111)
美唄駅
金吾龍神社(P.123)
龍宮神社(P.107)
函館本線
岩見澤神社(P.66)
新得神社(P.92)
小樽駅
札幌市
音更神社(P.68)
星置神社(P.78)
夕張神社(P.68)
帯廣神社(P.79)
手稲神社(P.62)
石勝線
栗山天満宮(P.113)
根室本線
倶知安神社(P.118)
倶知安駅
帯広駅
千歳駅
長沼神社(P.65)
浦幌駅
西野神社(P.100)
新千歳空港
とかち帯広空港
道央
石山神社(P.94)
浦幌神社(P.103)
虻田神社(P.67)
札幌市街図
義經神社(P.97)
洞爺駅
飯生神社(P.93)
千歳神社(P.119)
刈田神社(P.72)
室蘭本線
樽前山神社(P.66)
中嶋神社(P.82)
室蘭駅
出雲大社三神教會(P.81)
輪西神社(P.95)
札幌八幡宮(P.112)
函館本線
道南
大沼駒ケ岳神社(P.125)
大沼公園駅
新函館北斗駅
姥神大神宮(P.69)
上ノ國八幡宮(P.70)
函館市街図
北海道新幹線
福島大神宮(P.119)

北海道 神社 INDEX

本書に掲載している北海道の神社をエリア別・五十音順でリストアップ。
御朱印さんぽの参考にしてください。
御朱印を頂いたら□にチェック✓しましょう！

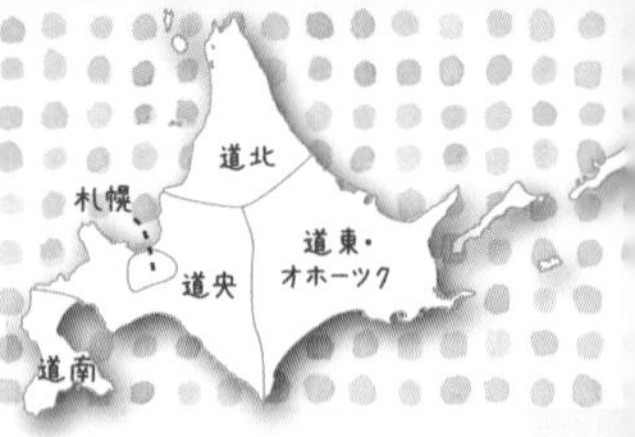

【札幌】

【道央】

【道南】

【道北】

【道東・オホーツク】

第一章

まずはここから！
神社の御朱印入門

御朱印の見方から頂き方のマナーまで、御朱印デビューする前に知っておきたい基本をレクチャー。基礎知識を知っているだけで御朱印めぐりがだんぜん楽しくなります。

御朱印ってナニ？

御朱印は、もともとお経を納めた証に寺院で頂いていたもの。それがいつしか、神社でも、参拝によって神様とのご縁が結ばれた証として頂けるようになりました。ですから、単なる参拝記念のスタンプではありません。

御朱印の本来の役割って

御朱印はもともと、自分で書き写したお経を寺院に納め、その証に頂くものでした。寺院で「納経印」ともいわれているのはこのためです。いつしか、納経しなくても参拝の証として寺社で頂けるようになりました。お寺で始まった御朱印ですが、江戸時代にはすでに神社でも出されていたといわれています。

神社で御朱印を頂くってどういうこと

神社で御朱印を頂ける場所はお守りやお札の授与所がほとんどです。書いてくださるのは神職の方々。御祭神の名前や神社名が墨書され、神社の紋などの印が押されます。

神社で御朱印を頂くというのはその神社の神様との絆が結ばれたといえるでしょう。決して記念スタンプではありません。ていねいに扱いましょう。

世界でひとつの御朱印との出合いを楽しみましょう

御朱印は基本的に印刷物ではありません。神職の皆さんがていねいに手書きしてくださる、世界にひとつのもの。ですから、墨書には書き手の個性が表れます。そのため、本書に掲載した御朱印と同じものが頂けるとは限りません。同じ神社でも書き手によって、頂くたびに墨書や印の押し方が違うからです。印も季節によって変わったり、新しいものに作り替えることもあります。御朱印自体が頂けなくなることさえあるのです。二度と同じ御朱印は頂けない、それが御朱印集めの楽しみでもあります。

神社の御朱印の見方

白い紙に鮮やかな朱の印と黒々とした墨書が絶妙なバランスで配置されている御朱印。まさにアートを見ているような美しさがあります。では、いったい、墨書には何が書かれ、印は何を意味しているのでしょう。御朱印をもっと深く知るために墨書や印の見方をご紹介します。

御朱印帳を持ち歩くときは袋に入れて

神社によっては神社オリジナルの御朱印帳と御朱印帳袋を頒布しているところがあります。御朱印帳袋は御朱印帳を汚れから守ってくれ、ひとつあると御朱印帳を持ち歩くときに便利です。

北海道神宮(P.46)の美しい御朱印帳と御朱印帳袋。御朱印帳は柄違いもあります！

社名の押し印

神社名の印です。印の書体は篆刻（てんこく）という独特の書体が多いのですが、なかには宮司自らが考案したオリジナルの書体の印もあります。

神紋

神社には古くから伝わる紋があります。これを神紋あるいは社紋といいます。神紋の代わりに祭神のお使いを表す印や境内に咲く花の印、お祭りの様子を表した印などが押されることもあります。

奉拝

奉拝とは「つつしんで参拝させていただきました」という意味です。参拝と書かれることも。

御朱印帳のサイズは「約16㎝×11㎝」が一般的で、ひと回り大きな「約18㎝×12㎝」などもあります

ジャバラ折り

御朱印帳はジャバラ折りが基本。表だけ使っても、表裏使っても、使い方は自由！

参拝した日にち

何年たっても、御朱印を見れば自分がいつ参拝したのか、すぐわかります。同時に日付を見るとその日の行動も思い出せるので、旅の記録にもなるでしょう。

社名など

中央には朱印の上に神社名が墨書されることが多く、社名のほかに御祭神の名前を書く場合もあります。また、朱印だけで神社名の墨書がない御朱印もあります。八百万神だけあって、史実の人名やおとぎ話の登場人物の名前が書かれることも。

表紙

神社ではオリジナルの御朱印帳を作っているところが多くあります。表紙には、社殿、境内、神紋や祭礼、御神木、花、紅葉など、その神社を象徴するシンボルがデザインされていることが多いです。

個性がキラリ 御朱印ギャラリー

御朱印は参拝の証であるだけではなく、祭神との縁を結んでくれるものです。祭神や祭神の使い、御利益など、その神社らしさを表現するため、墨書や印などに工夫を凝らした御朱印を、神職や職員が授与しています。季節によって異なるユニークでカラフルな限定御朱印をご紹介します。

期間限定の御朱印

神社で行われる祭事や行事、四季の特徴をモチーフにした御朱印です。
カラフルで華やかなイラストで、御朱印帳がにぎやかになります。

空知神社（美唄市）P.87

上下にあしらわれた空色の雪の結晶の印が美しい冬限定の御朱印と、夏限定で頂けるアジサイの印の御朱印です。このほかにも春は桜、秋は赤とんぼやナナカマドなど、季節感あふれる御朱印があり、期間限定で授与されます。（初穂料300円）

アジサイ

墨書／奉拝、空知神社　印／空知神社、社紋、アジサイ

雪の結晶

墨書／奉拝、空知神社　印／空知神社、社紋、雪の結晶

厳島神社（釧路市）P.117

2月 節分

1月 新年

4月 菜の花

3月 ひなまつり

5月 鯉のぼり

6月 夏越の大祓

7月 例大祭

8月 花火

9月 重陽の節句

10月 七五三

11月 新嘗祭

12月 大祓

祭事や季節の風物など、月ごとにデザインが替わります（アート部分は書き置き）。弁財天のかわいらしいイラストが話題で、休日には御朱印を求めて行列ができるほどです。掲載している御朱印は2023年のもので、年によってデザインが異なります。（初穂料500～2000円、※月により異なります）

墨書／奉拝、釧路國一之宮、嚴嶋神社　印／三盛亀甲花菱の神紋、嚴嶋神社

金吾龍神社（小樽市）P.123

通常（季節の印有）

通常（金地版）

五龍神降臨（奉書紙版）

青い龍神像（透かし版）

伝説の金龍（手彫り版画御朱印）

黄金の龍虎

大元尊神（御祭神画）

御祖大神（御祭神画）

国常立尊（御祭神画）

瀬織津姫神（御祭神画）

荒波々幾大神（御祭神画）

龍にゃん（マスコット）

御祭神や伝説をテーマにした御朱印が授与されます。墨書のほか、創意工夫にあふれたアート作品のような御朱印が評判です（→P.123）。こちらに掲載しているものは、初穂料1000円以上

墨書／奉拝、金吾龍神社

印／左三つ巴の神紋、金吾龍神

※御朱印により異なる

※印は新春・桜・梅・鯉のぼり・あじさい・花火・すすき・紅葉・雪など季節により異なります

ユニークな授与品にも注目！

授与品は、神職が参拝者の願いがかなうよう祈りをささげ、神様のパワーを封じ込めたもの。個性的なデザインの授与品は、身に付けているだけでよいことがありそう。

西野神社 P.100

病気平癒＆武道・スポーツ習得の強い味方

病除け守り

目・耳・鼻　心臓　首・肩

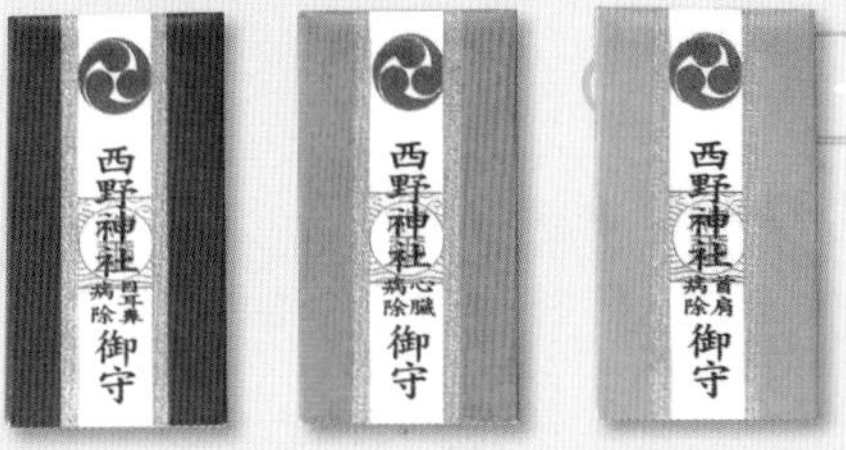

「首・肩」「胃腸」「高血圧」など、病気や体の部位ごとに9種類に分かれているカード型（約7cm×約4cm）のお守りです。お守りごとにそれぞれの病に対応しているので、自分に最適な一点を選びましょう。（各500円）

足・腰　胃腸　内臓　糖尿　癌　高血圧

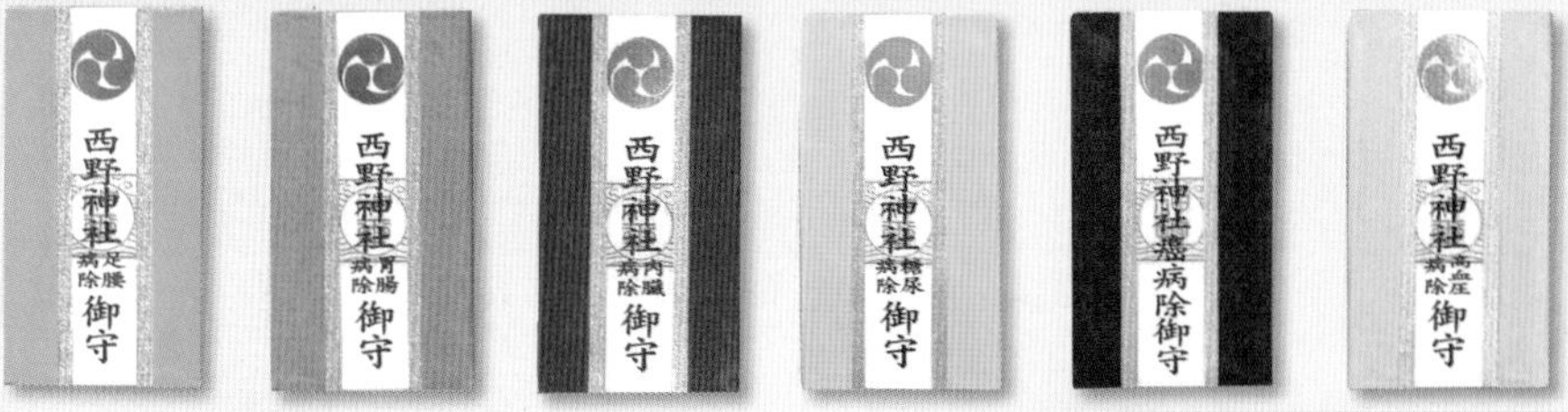

武道守り　球技守り

剣道　柔道　打球　排球　籠球　庭球　羽球

弓道　空手　闘球　野球　蹴球　卓球

西野神社本殿で祀っている御祭神の譽田別命《ほんだわけのみこと》は、一般には八幡大神と称され、古来「武門鎮護の神」として篤い信仰を受けてきました。このお守りは、八幡大神の「武」の御神徳を頂き、武道やスポーツをする人に勝運を授けてくれます。武道守りは4種類、球技守りは9種類あります。（各500円）

打球…ゴルフ、排球…バレーボール、籠球…バスケットボール、庭球…テニス、羽球…バドミントン、闘球…ラグビー、蹴球…サッカー

浦幌神社　P.104　自転車専用お守り

お守り

表

裏

「交通安全自転車御守」（1000円）。朝日は好天での安全運転を祈願

子宝、安産、婦人病平癒の御神徳を頂ける浦幌神社は、自転車やバイクの交通安全祈願でも有名です。交通安全の思いを込めて作られた特製のお守りは、明治大学サイクリスツツーリングクラブの学生と共同で考案。表が文字、裏が朝日と自転車のデザインです。

伏見稲荷神社　P.48　金運とぼけ封じを祈願

お守り

金運アップを願うなら手に入れたい黄金色の「金運御守」（1000円）

お守り

物忘れすることなく健康長寿を祈願する「ぼけ封じ御守」（800円）

京都府の伏見稲荷大社の御分霊を奉斎する、稲荷神社です。参拝すると金運・財運がアップするといわれ、金運アップに御利益のある授与品は特に人気があります。ほかの神社ではあまり見ない「ぼけ封じ」のお守りも頂けます。

札幌村神社　P.116　困難を乗り越える力を授けてくれるお守り

お札

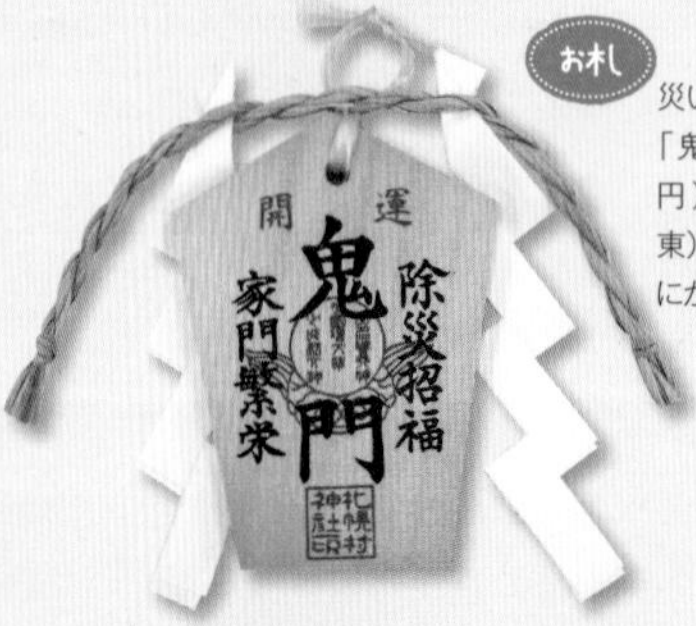

災いを除き福を招く「鬼門札」（1600円）は表鬼門（北東）と裏鬼門（南西）にかけて祀ります

札幌村神社は大きなパワーをもつ「開拓三神」と呼ばれる3柱の神々を御祭神として祀っています。開拓に挑む人々の守護神としてあがめられていただけあり、災いを退けて困難を乗り越えるパワーを授けてくれるお守りが揃っています。

お守り

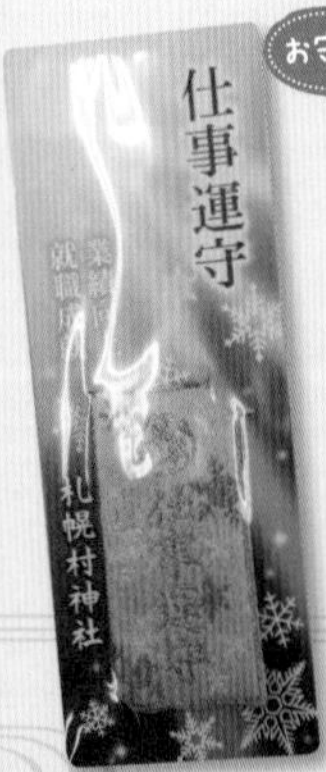

「仕事運守」（800円）で業績向上・就職成就

お守り

ビジネスを成功に導く「ビジネス守」（1000円）

北門神社　P.104　カニがモチーフのおみくじ

北海道内の6社で入手できる、地元の名産をモチーフに作られた「えぞみくじ」。北門神社はカニがモチーフで、おみくじを引くときは網で釣り上げます。

おみくじ

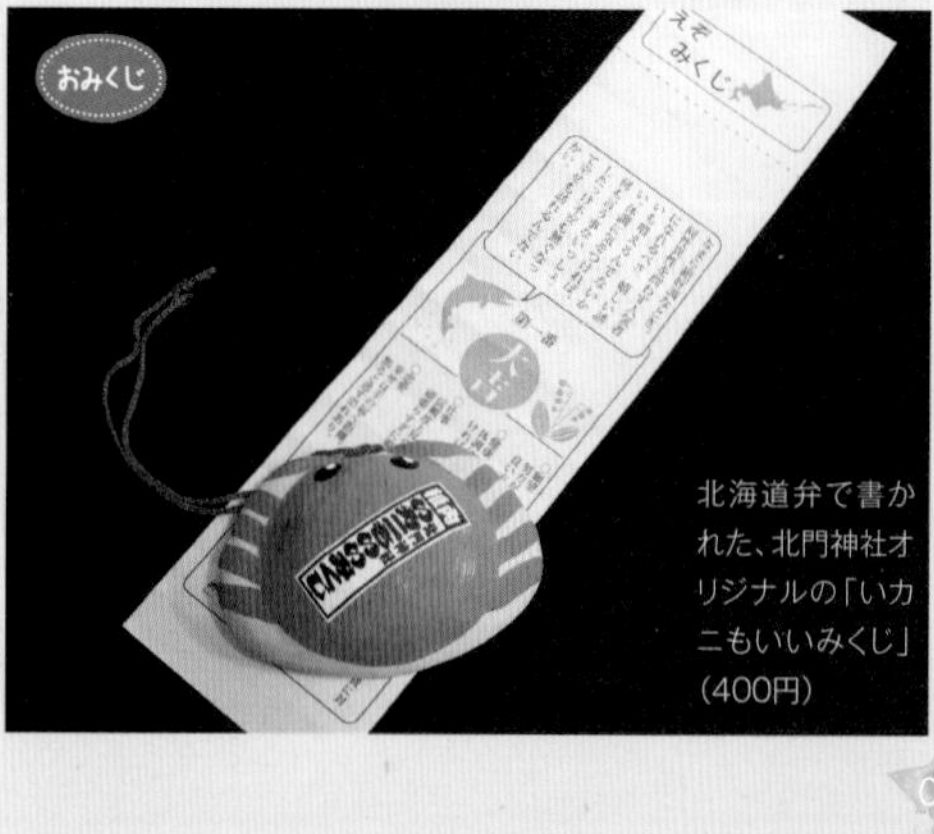

北海道弁で書かれた、北門神社オリジナルの「いカニもいいみくじ」（400円）

帯廣神社 P.79 境内にある桂の木の葉をモチーフにしたハート型の絵馬で縁結び祈願

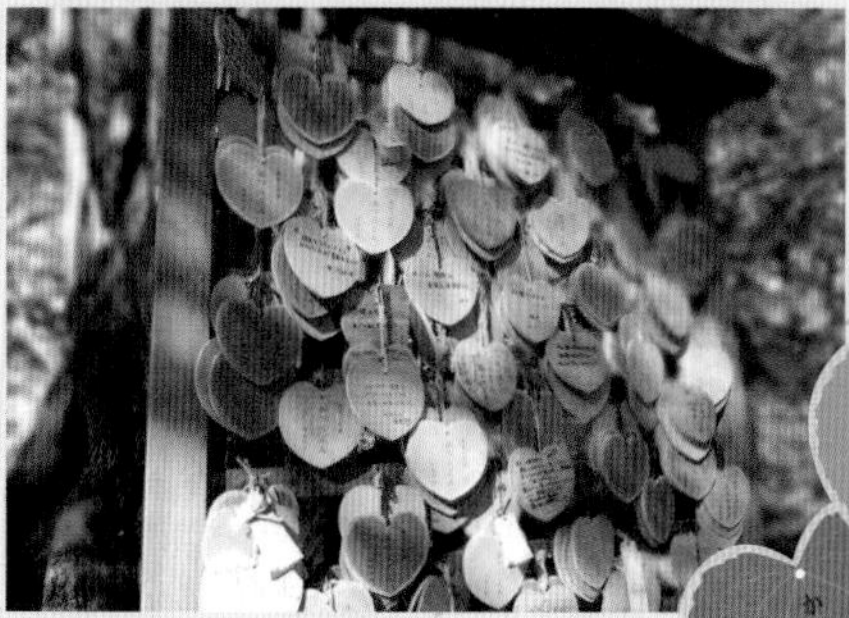

縁結びで有名な島根県にある出雲大社の大国主神《おおくにぬしのかみ》と同一神である大那牟遅神《おおなむちのかみ》を御祭神としているだけあって、恋愛成就を願う参拝者が多く訪れます。境内に桂の葉が芽吹く4月中旬から10月の期間だけ授与される縁結び絵馬に思いを込めれば、きっと願いがかなうはず。

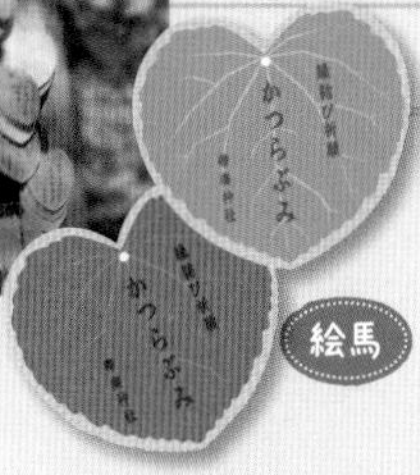

境内にある木のハート形の葉をイメージした「桂文(かつらぶみ)」(500円)。満月の日だけ、紅葉した桂の葉を模した特別な色の絵馬が授与されます

漫画『銀の匙 Silver Spoon』に登場しました

(上)「抜き絵馬」(1000円)と「ばんば絵馬」(500円)。記念に持ち帰る人もいます

函館護國神社 P.57 縁結びを筆頭に多彩な御利益のお守り

縁結びの神社として知られていて、恋愛関係の縁だけではなく友人、同僚など、よい縁を授かって幸せを願う縁結びの授与品がたくさん。「健康」「開運」「学業」「商売繁盛」など、御利益ごとのお守りも多数あります。

「えんむすび守」(700円)は白·青·ピンク·赤から選べます

「仕事守」(800円)で成績向上、人間関係の良好を祈願

己に打ち勝つことを願う「勝守」(700円)

出雲大社三神教會 P.81 しあわせのお守り

島根県出雲大社の分社で、出雲大社御本社から取り寄せている授与品が頂けます。縁結びの神社として知られていて、縁結びのお守り·絵馬·ストラップなどがありますが、幸運を呼び寄せるという「しあわせの鈴」も見逃せません。

「しあわせの鈴」(小1200円·大2000円)。鈴のさわやかな音色に心が落ち着きます

「出雲大社 守護御守 所願成就」(1000円)。カード型のお守りです

北海道神宮頓宮 P.49 かわいい狛犬の授与品

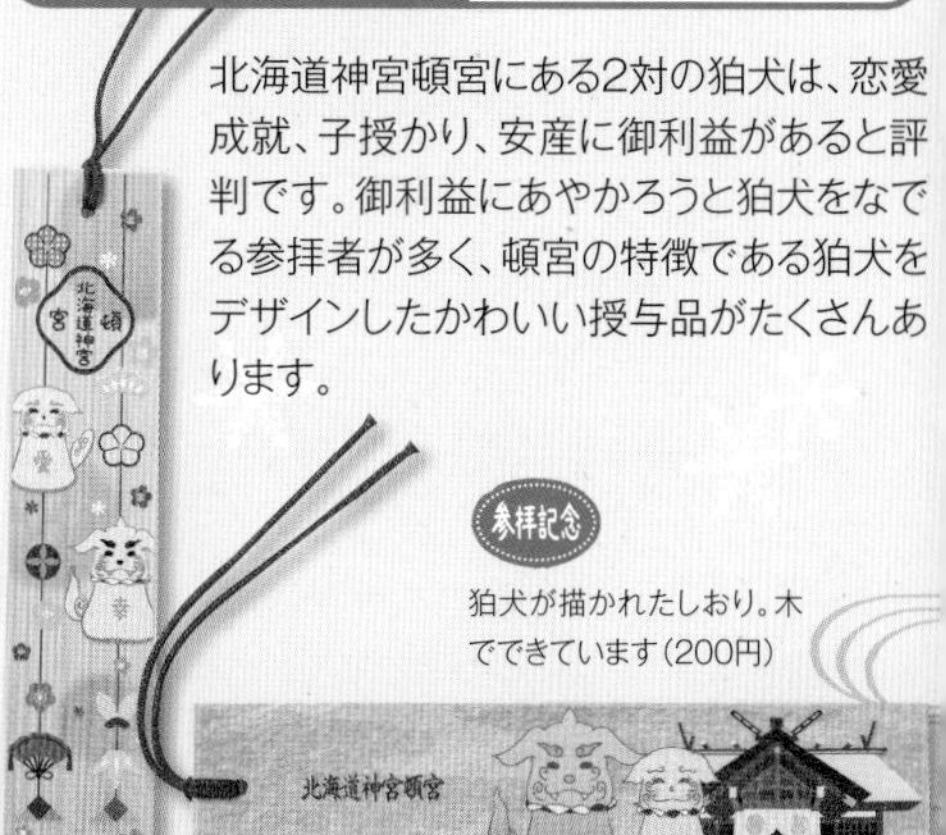

北海道神宮頓宮にある2対の狛犬は、恋愛成就、子授かり、安産に御利益があると評判です。御利益にあやかろうと狛犬をなでる参拝者が多く、頓宮の特徴である狛犬をデザインしたかわいい授与品がたくさんあります。

狛犬が描かれたしおり。木でできています(200円)

開拓に寄り添ってきた北海道の神社

地元愛たっぷりで、地域の人々の暮らしを見守る

手稲神社の詳しい紹介はP.62へ

明治2（1869）年に「北海道」と命名されてから150年以上。道内の神社は、開拓の歴史とともに歩んできたところが多く、昔から地域住民にとって大きな心のよりどころでもあります。そんな北海道の神社について、手稲神社の宮司・山口貴生さんにお話を伺いました。

開拓期の前とあとで異なる神社の成り立ち

手稲は、明治の頃、札幌～小樽間の陸上輸送の中継点として開けた町。手稲町と呼ばれていましたが、その後、札幌市と合併して西区の1エリアになりました。人口増加にともなって1989（平成元）年には「手稲区」として独立。その手稲区の象徴でもある手稲山の麓にある手稲神社を訪ねました。

JR手稲駅から徒歩数分の所にある神社で、迎えてくれたのは同社の宮司の山口さん。まずは、北海道の神社について伺いました。

「北海道の神社の成り立ちは大きく分けてふたつあると考えられます。ひとつは、明治時代の開拓の際に入植者の方々が希望されて創建された神社。もうひとつは、開拓期よりも前からある古い神社です。古い神社はおもに道南地方の海沿いに多くみられます」

開拓期に創建された神社は、だいたい150年前後ですが、道南のほうにある古い神社は500年以上の歴史を誇るところもあります。

「手稲神社は新しいほうで、最初は北海道神宮（当時は札幌神社）を離れた所から参拝する遥拝所として始まりました。開拓の頃は、交通網も整備されていませんから、参拝は簡単に行けませんでした。冬は雪に閉ざされますしね」

御利益は全般にわたり、特化しているところは少数

開拓期に創建された神社のなかには、入植者たちの出身地の神様を御分霊して奉っているところも多くみられます。

また、本州にある神社は御利益を明確にしているところが多いですが、北海道の神社は総合的な御利益を授ける神社がほとんどという傾向も。

「開拓に励む自分たちの暮らしを

手稲神社の本殿内。飛躍を意味する色鮮やかな龍柱があり、見上げれば気品あふれる天井画も。さらに正面には横一列に並んだ九つの面があります。この九面《くめん》がさまざまな願いを工面《くめん》するといわれているそう

守ってくださいと願う人々の想いが集まって成り立っているので、多少の特徴はあったとしても、恋愛だけ、出世だけ、金運だけというようなところは少ないかもしれません。地域の人々が末長く幸福で、健やかに暮らしていけるように見守るのが神社の役割ですから」

手稲神社は、開拓三神《かいたくさんじん》と呼ばれる大國魂神《おおくにたまのかみ》、大那牟遅神《おおなむちのかみ》、少彦名神《すくなひこなのかみ》を主祭神とし、相殿神として食物を司る豊受姫大神《とようけひめのおおかみ》、学問の神様の菅原道真公《すがわらみちざねこう》、商売繁盛の倉稲魂神《うかのみたまのかみ》、そして天照皇大神《あまてらすめおおかみ》が祀られています。人々が生きるうえで必要とする御利益のほとんどが頂けそうです!

あたたかい心が伝わるオリジナルの授与品

授与品などに、その地域ならではの色が見えるのも神社めぐりの楽しみのひとつ。手稲神社の場合、(山口さんの)地元愛を感じられるものがたくさんあります。

御朱印で使われている印には、手稲区のキャラクター「ていぬ」がふたつも登場。車のお祓いの際も、ていぬがパッケージに描かれたウォッシャー液を頂けます。

また、最近では国内に限らず国外からも参拝者が訪れるようになり、神社の参拝記念になるようなおみくじを考えたりしているそうです。

「うちでは厄祓いにいらした家族にぽん酢をお渡ししています。鍋を囲んで一家団らん、家内安全という願いを込めて」

ユーモアを交えながらも、神社を訪れる方たちのことを考えている姿勢に感服するばかりです。

神主がひとりの神社も多いので御朱印を頂く際は注意を

最後に、御朱印めぐりの注意事項を教えてくださいました。北海道の神社は神主がひとりしかいないところや、神主がほかの神社と兼務しているところが多く、不在の場合もあります。例祭の時期には、近隣の神社へ、神主がお手伝いに出かけることもよくあるそう。

「せっかく参拝していただいたのに、御朱印を頒布できないのは私たちも心苦しいので、御朱印を頂きたいという方は事前に電話を入れてから参拝されるのがよいかと思います」

なかには、神主不在でも書き置きで対応してくれるところもあるので、確認してから伺うといいでしょう。

地元への想いが詰まった授与品

アイデアマンの山口さんが考えた授与品をご紹介。

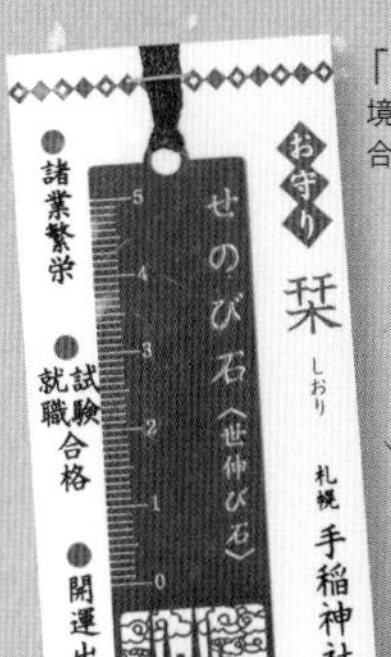

「せのび守」
境内にある「せのび石」にかけて奉製されたお守り。合格、開運出世などの御利益があります(1000円)

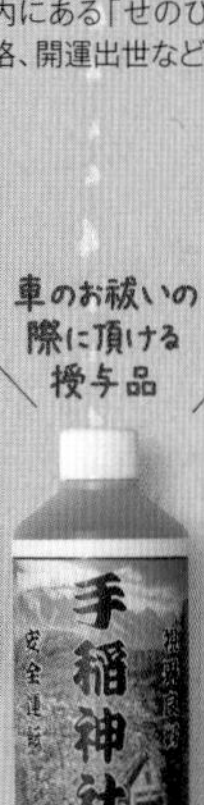

ウォッシャー液
パッケージに車に乗った「ていぬ」が!

ジンギスカン北海道みくじ
北海道の形をしたジンギスカン鍋のおみくじ。肉や野菜などの見た目にもこだわっています(300円)

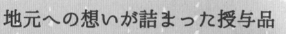

ファースト御朱印帳をゲットしよう！

御朱印を頂きにさっそく神社へ！
その前にちょっと待って。
肝心の御朱印帳を持っていますか？
まずは御朱印帳を用意しましょう。

1 あなたにとって、御朱印帳は思い入れのある特別なもの

御朱印はあなたと神様とのご縁を結ぶ大事なもの。きちんと御朱印帳を用意して、御朱印を頂くのがマナーです。御朱印帳はユニークでかわいい表紙のものがいっぱいあるので、御朱印帳を集めることも楽しいでしょう。御朱印帳が御朱印でいっぱいになって、何冊にもなっていくと、神様とのご縁がどんどん深まっていくようでとてもうれしいものです。御朱印には日付が書いてありますから、御朱印帳を開くと、参拝した日の光景を鮮明に思い出すこともできるでしょう。

2 御朱印帳は、神社はもちろん文具店やネットでも入手できます

どこで御朱印帳を入手すればよいのかを考えると、まず、思い浮かぶのは神社。本書で紹介している神社の多くは、お守りなどを頒布している授与所で御朱印帳を頒布しています。ファースト御朱印と同時に、その神社の御朱印帳を入手するとよい記念になりますね。神社以外で御朱印帳を入手できるのは、和紙などを扱っている大きな文房具店やインターネット通販。自分が行きたい神社に御朱印帳がないようなら、こうした販売先からあらかじめ入手しておきましょう。近年は御朱印帳の手作りも人気です。

3 御朱印帳を手に入れたらまず名前、連絡先を書き入れます

御朱印帳を入手したら、自分の名前、連絡先を記入しましょう。神社によっては参拝前に御朱印帳を預け、参拝の間に御朱印を書いていただき、参拝後に御朱印帳を返してもらうところがあります。混雑しているとき、同じような表紙の御朱印帳があると、自分のものと間違えてほかの人のものを持ち帰ってしまう……なんてことも。そうならないよう裏に住所・氏名を記入する欄があれば記入しましょう。記入欄がなければ表紙の白紙部分に「御朱印帳」と記入し、その下などに小さく氏名を書き入れておきます。

4 カバーを付けたり専用の入れ物を作ったり、大切に保管

御朱印帳は持ち歩いていると表紙が擦り切れてきたり、汚れがついたりすることがしばしばあります。御朱印帳をいつまでもきれいに保つためにカバーや袋を用意することをおすすめします。御朱印帳にはあらかじめビニールのカバーが付いているものや神社によっては御朱印帳の表紙とお揃いの柄の御朱印帳専用の袋を用意しているところがあります。何もない場合にはかわいい布で御朱印帳を入れる袋を手作りしたり、カバーを付けたりしてはいかがでしょう。

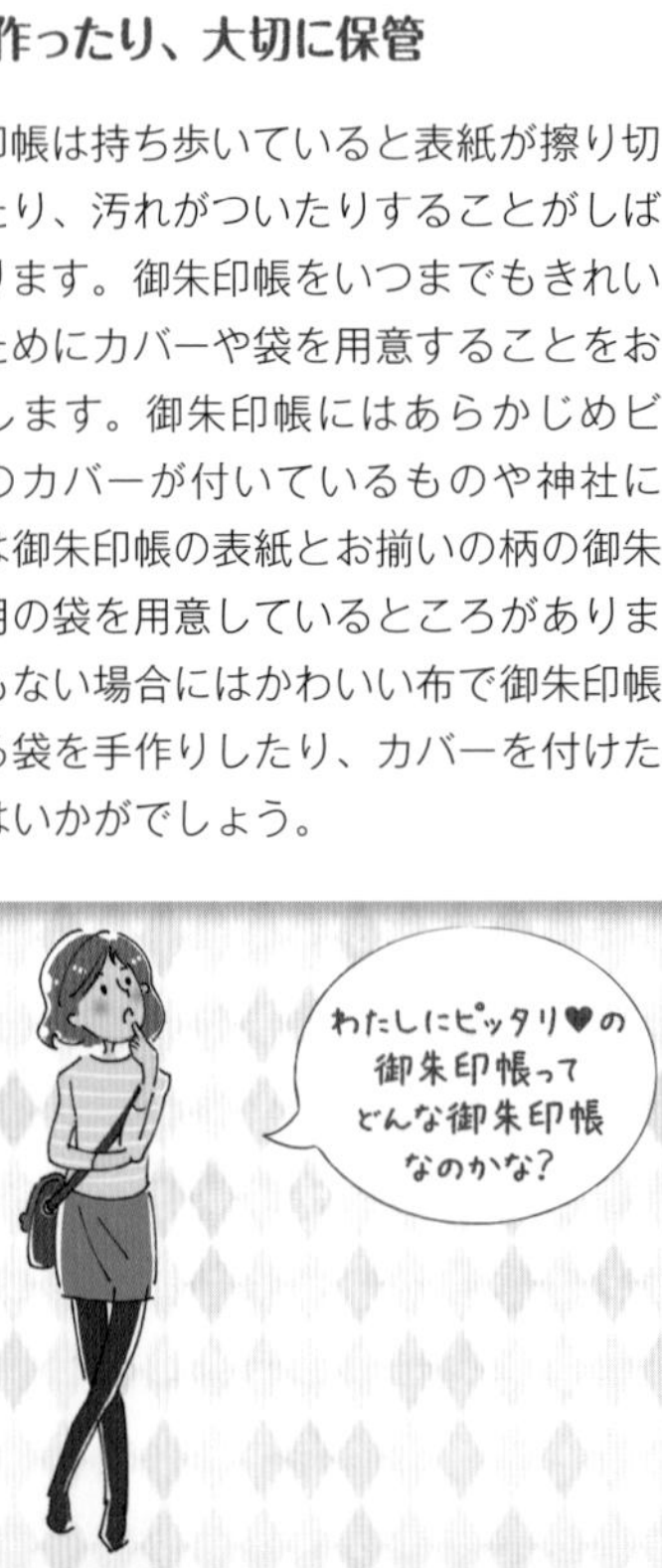
わたしにピッタリ♥の
御朱印帳って
どんな御朱印帳
なのかな？

お店やウェブサイトで買える御朱印帳1

神社で入手できる
御朱印帳は第二章(P.41〜)、
第三章(P.59〜)で
紹介しています

美瑛神社(P.76)の
御朱印帳

御朱印集めの人気にともない、御朱印帳コーナーを設けるお店が増えています。じっくり選ぶなら専門店のウェブショップで探すのもおすすめです。御朱印帳とあわせて使いたい便利なグッズもたくさんあります。

榛原（はいばら）

文化3（1806）年に創業し、200年以上にわたり和紙および紙製品の販売を行ってきました。御朱印帳の表紙は榛原に伝わるオリジナルデザインの千代紙で作られ、柄は20種類前後あります。オンラインショップがあり、ウェブサイトからの購入も可能です。御朱印帳 各2310円

東京都中央区日本橋2-7-1 東京日本橋タワー
https://www.haibara.co.jp

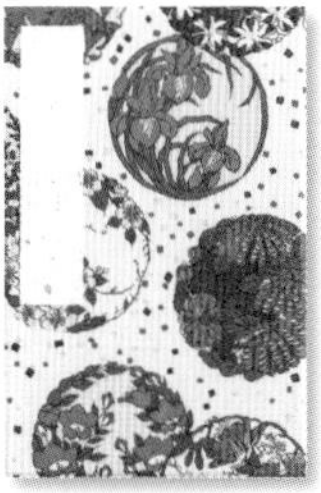

丸紋花づくし
アヤメ、キキョウなどの花々で四季の風情を表しています

牡丹
赤地に緑の葉や白い花びらが鮮やかな配色で描かれています

おしどり
夫婦仲がよいというオシドリの表紙は良縁祈願の神社用に最適

桜（ピンク）
春の暖かさが感じられる淡いピンクがとても上品な色調

重陽（紫）
「菊の節句」ともいわれる五節句のひとつ「重陽」がモチーフです

色硝子（青）
沼に自生する菱の実を文様化し、幾何学的に配置しています

御朱印帳と一緒に持ちたいGoods

御朱印帳だけでなく、和紙を使用した小物が揃うのは和紙専門店ならでは。御朱印帳と同じ柄の小物をセットにして、贈り物にするのもおすすめ。

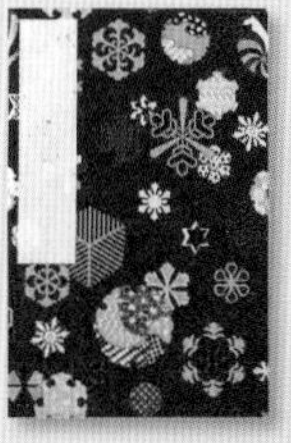

てかがみ
雪の結晶をデザインしたコンパクトでかわいい手鏡（880円）

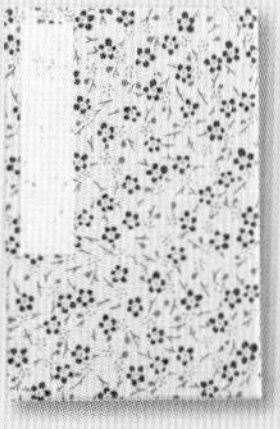

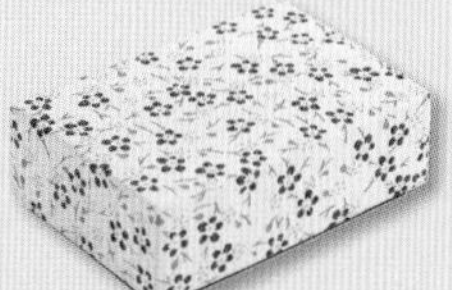

小箱
風待草は梅の花を散らした柄。愛らしい小箱は名刺サイズ（990円）

筆筒
切子ガラスの模様のような色硝子柄の千代紙を使用した折り畳み式の六角形筆筒（1100円）

ノート
菊の花がモチーフの重陽柄。上質な紙を使ったノート（1540円）

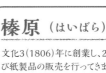

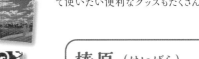

お店やウェブサイトで買える御朱印帳2

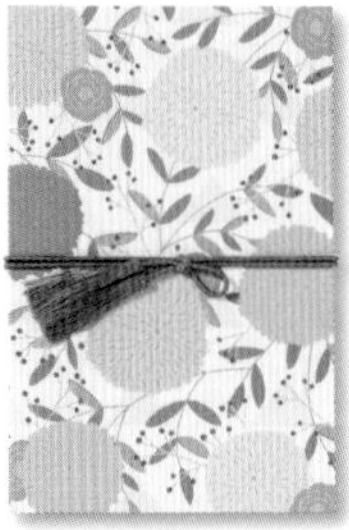

MUM

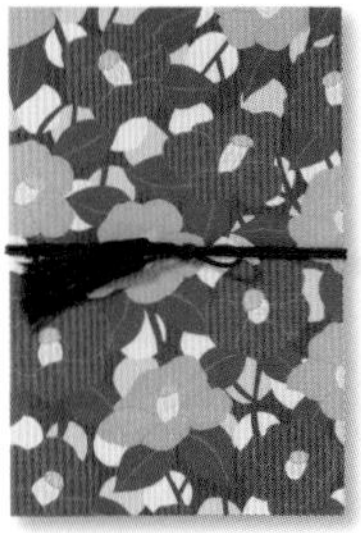

TSUBAKI

華やかな和柄で細かい線状のエンボス入り。カラーリングのタッセル付きゴムバンド付きで旅行や持ち歩きにも便利（各2100円+税）

コーチャンフォー
新川通り店

全国最大級の規模を誇る北海道発祥の複合店。書籍、文具などを扱い、札幌、旭川、釧路、北見など、道内8店舗と東京・茨城に各1店舗を展開しています。なかでも最大規模の売り場面積をもつ札幌の新川通り店は驚愕の品揃え。多彩な御朱印帳と御朱印グッズを取り揃えています。

北海道札幌市北区新川3条18（新川通り店）
http://www.coachandfour.ne.jp/

＼木のぬくもりが伝わります／

コーチャンフォー新川通り店で御朱印帳を探すなら文具コーナーをチェックしましょう。バリエーション豊かな御朱印帳が揃っています

福猫（ふくねこ）
キュートなネコと神社やお寺をイメージ

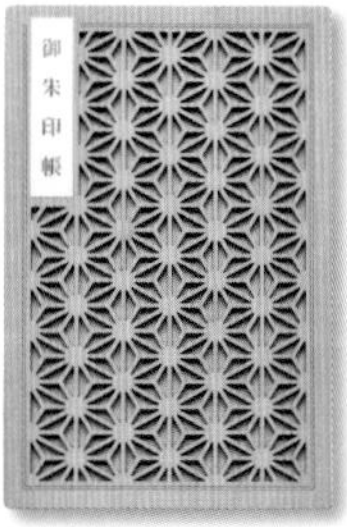

若草（わかくさ）
パステルカラーがおしゃれなデザイン

七宝（しっぽう）
レーザー加工を施した精密なカット

木の質感と華やかな色の組み合わせがゴージャスな木製の御朱印帳。裏写りの少ない厚手の奉書紙を使用しています（各3200円+税）

御朱印帳と一緒に持ちたいGoods

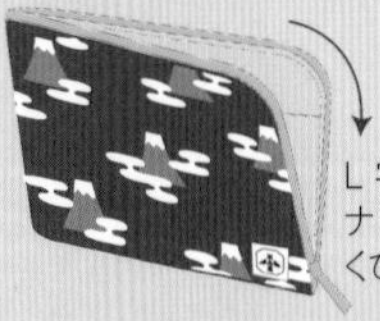

L字ファスナーで大きくひらきます

御朱印帳ケースは2冊まで収納可能。御朱印帳ケース（各2500円+税）

ケース内の両サイドにポケット付き。書置きの御朱印もはいります

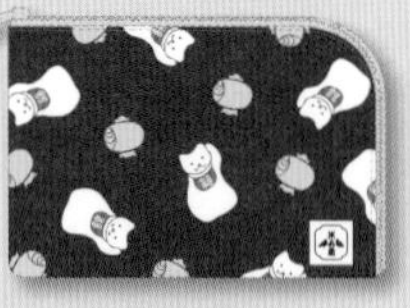

招き猫

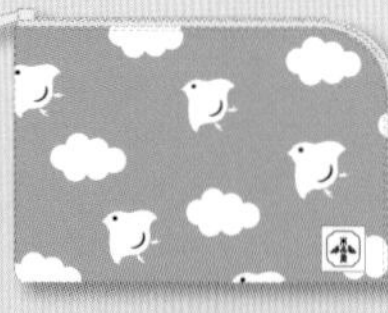

千鳥

うずら

富士山

達磨
苦難を乗り越え
目標達成へと導く
達磨の文様

鈴
邪なものを祓い
幸運を招く力の
ある鈴の文様

梅
学問の神様·
菅原道真公を
象徴する梅の文様

酉
長寿や商売繁盛を
象徴するトサカの
文様

午
生命力にあふれ
時代を駆け抜ける
馬の文様

戌
安産子育ての
守り神である犬を
象徴する文様

**ふくふく御朱印帳
おうむ**
おうむは、上手に人の口まねをすることから技芸上達や学問成就を意味します。ポップな色使いが華やかです

**ふじさん御朱印帳
春**
日本一の山、富士山がポップな色とイラストの御朱印帳になりました。春夏秋冬の4柄あります

めでたや
（めでたや）

節と祝いを飾り、季節を楽しむ〈めでたや〉のオンラインショップです。さまざまなデザインの和紙の御朱印帳のほか、お部屋に飾る和雑貨、便箋封筒などの和文具、ランチョンマットや懐紙などのテーブルウェアを取り揃えています。御朱印帳1650円〜

めでたや公式オンラインショップ
https://shop.medetaya.co.jp/

**めでたや 御朱印帳
虎**
虎は子を奪われたらどんな速い動物にも追いついて取り返すと信じられ、家族の愛情の象徴ともされています

**めでたや御朱印帳
招き猫**
右足を上げている招き猫は幸運を招くといわれ、左足なら人との出会いをもたらすといわれます

**めでたや御朱印帳
鶴亀松竹梅**
縁起物の鶴亀と松竹梅を組み合わせた御朱印帳です。鶴亀と松竹は不老長寿、梅は喜びの象徴とされます

**めでたや御朱印帳
波兎**
「波に兎」文様の御朱印帳。豊穣や繁栄、防火を祈願する文様です

お店やウェブサイトで買える御朱印帳4

唐傘（緑）

色とりどりの番傘が美しく上品で華やか。花のような模様やうずまき模様がアクセントです

花づくしうさぎ（キナリ）

菊の花と白うさぎ。金色に縁どられた柄がとても上品で華やかな印象。人気の和柄です

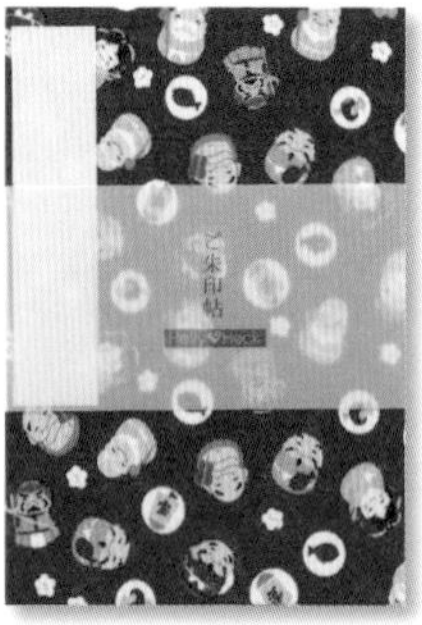

福呼び七福神（赤）

赤地に七福神と宝船や打出の小槌などが描かれた縁起のよい柄。「七福神巡り」にもおすすめ

ふくら雀（茶）

漢字では「福良雀」と書き、ふっくらと太った雀のこと。福を呼ぶ、とても縁起の良い鳥です

※数量限定のため品切れの場合があります

御朱印帳専門店 ホリーホック

御朱印帳専門サイトです。神社めぐりをしているときに、「もっと個性的で持っているだけでワクワクするような御朱印帳があってもよいのでは?」というスタッフの思いから、オリジナル御朱印帳の制作・販売を始めました。700種以上の御朱印帳や関連グッズが揃っています。御朱印帳 各1980円〜

https://www.goshuincho.com

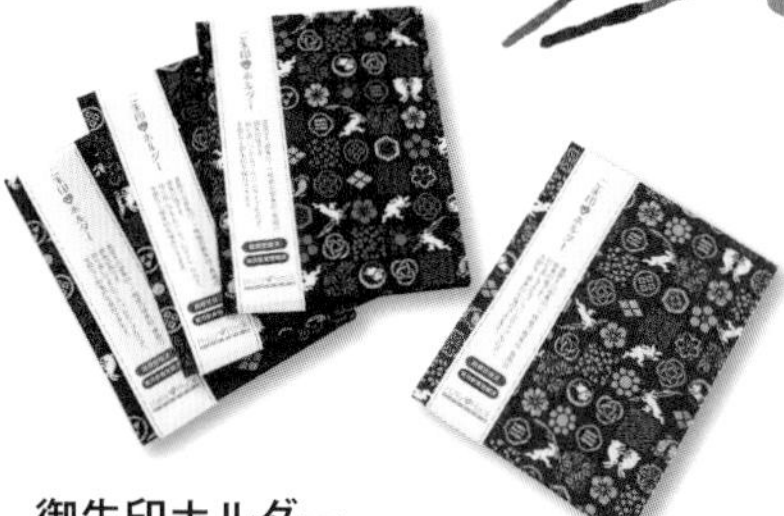

御朱印ホルダー

御朱印帳を忘れたときや神職が不在のときなど、あらかじめ半紙に書いてある御朱印（書き置き）を頂くことがあります。その書き置きの御朱印を保管できるホルダーです（2970円〜）

書き置きの御朱印（1枚紙の御朱印）を大切に保管できる帳面です

フィルムをめくって御朱印を挟むだけ

御朱印帳と一緒に使いたいGoods

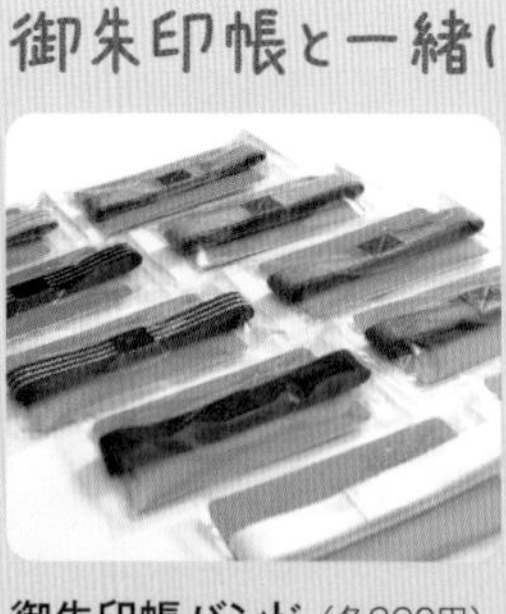

御朱印帳バンド（各330円）

御朱印帳がバッグの中などで開いてしまうのを防ぐバンドです。全26色。御朱印帳の表紙の色と合わせて選べます

お賽銭用がま口（各990円）

手のひらサイズがかわいい1.8寸がま口。あらかじめ小銭を用意することは御朱印をいただく際の心遣い。初穂料や参拝のお賽銭用のお財布としてご利用ください

不器用な人でも簡単！ 制作キットで御朱印帳を作ってみよう

「自分だけの御朱印帳が欲しい!」そんな方には「御朱印帳制作キット」がオススメ。レシピ通りに貼っていくだけなので、ぶきっちょさんも簡単にできちゃいます。手づくりすれば愛着もひとしおです。

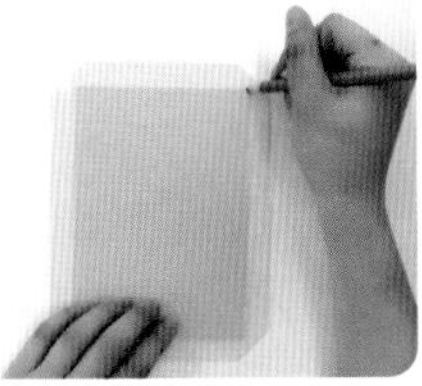

1. 表紙の四角をカット

型紙の大きさに切り、四方の角を各辺20mmで三角に切り落とします。ボール紙を真ん中に当てて印を付けます

使うもの

用意するもの

- 表紙に使用する和紙や布(通常キットには含まれていません)
- はさみ(あるいはカッター)
- でんぷん糊
- 刷毛(アクリル材質の固めの刷毛が使いやすい)

***あればなおよし**

- 鉛筆
- 定規
- 手をふく布巾
- 糊やボンドを混ぜるトレー
- キット以外に用意が必要な道具

100円均一ショップに売っている材料でOK!

2. 和紙(布)にボール紙を貼る

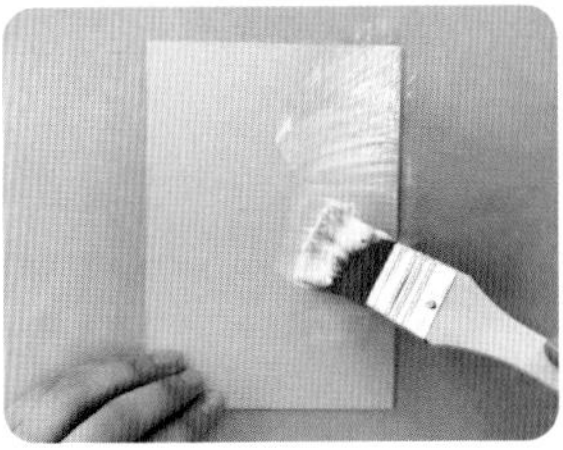

ボール紙に糊を塗ります。薄く広げるように塗るのがポイント。そして、先ほど印を付けた表紙にボール紙を置き貼り合わせます

3. 表紙の端を曲げる

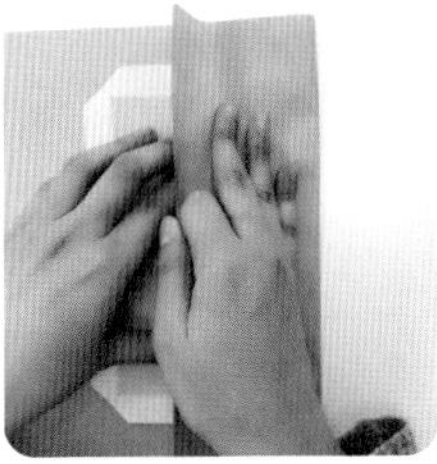

下にクラフト紙を置き、表紙のふち裏に糊付けして、クラフト紙ごと引っ張りながら折り曲げます。折り曲げたらクラフト紙の上からよくこすりましょう

POINT

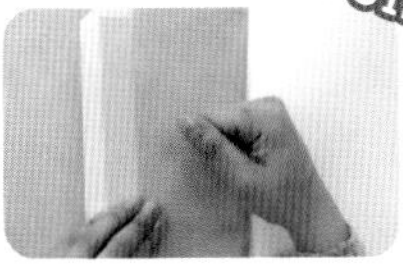

四辺のなかで先に表紙の長い2辺を折り曲げます

4. 表紙と本体を貼り合わせる

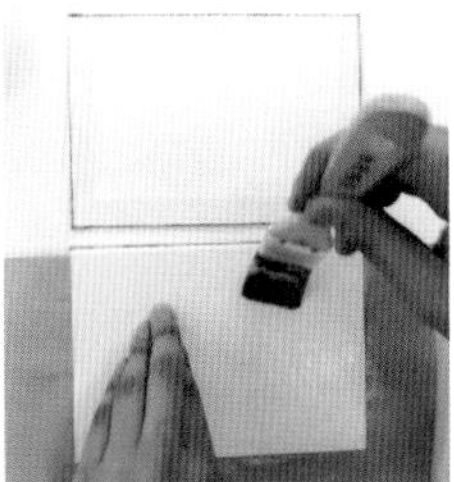

書紙に糊を塗り、表紙の真ん中になるように慎重に貼り合わせます。この時、クラフト紙についた糊が書紙に付かないように注意!(クラフト紙が動かないようにしましょう)

5. 両方の表紙を貼り合わせたら完成！

糊が乾くまで上に重りを乗せておきましょう(約1日)

重りを乗せて乾かさないと糊の水分で真っすぐになりにくく、しなった本になってしまいます

できあがり！

御朱印帳制作キットはここで買えます！

じぶんでつくる御朱印帳キット
〈株式会社イー・ファクトリー〉

「じぶんでつくる御朱印帳キット」は初めてでも本格的に作ることができます。書紙の奉書紙は、御朱印帳のために別漉き(特別生産)しているにじみ加工なしの用紙を採用しているこだわりぶりです。オンリーワンの自分だけの御朱印帳作りを広めています。

URL https://diy-gosyuinbook.com/

デビュー前に教えて！

もっと知りたい御朱印Q&A

御朱印に関するマナーから素朴なギモン、御朱印帳の保管場所、御朱印帳を忘れたときのことまで、デビューの前に知っておきたいことがいろいろあるはず。御朱印の本を制作して15年以上の編集部がお答えします。

Q この本で紹介している神社でしか御朱印は頂けませんか？

A 神職常駐の神社ならたいてい頂けます

本書に掲載している神社以外でも、神職が常駐しているところなら頂けます。ただし、なかには神職がいても御朱印を頒布していない神社もあります。社務所に問い合わせてください。

Q ひとつの神社に複数御朱印があるのはなぜですか？

A 複数の神様をお祀りしているからです

主祭神のほかに、主祭神と関係が深い神様など、さまざまな神様を境内にお祀りしている神社では主祭神以外の御朱印を頒布するところもあります。いずれにせよ、参拝を済ませてから、授与所で希望の御朱印を伝えて、頂きましょう。

Q 御朱印を頂く際に納める初穂料（お金）はどのくらいですか？ また、おつりは頂けますか？

A 300～500円。小銭を用意しておきましょう

ほとんどの神社では300～500円ですが、限定御朱印など特別な御朱印ではそれ以上納める場合もあります。おつりは頂けます。とはいっても、1万円や5000円を出すのはマナー違反。あらかじめ小銭を用意しておきましょう。「お気持ちで」という場合も300～500円を目安にしましょう。

Q ジャバラ式の御朱印帳ではページの表裏に書いてもらうことはできますか？

A 裏にも書いていただけます

墨書や印などが裏写りしないような厚い紙が使用されているものなら裏にも書いていただけます。

御朱印、頂けますか？

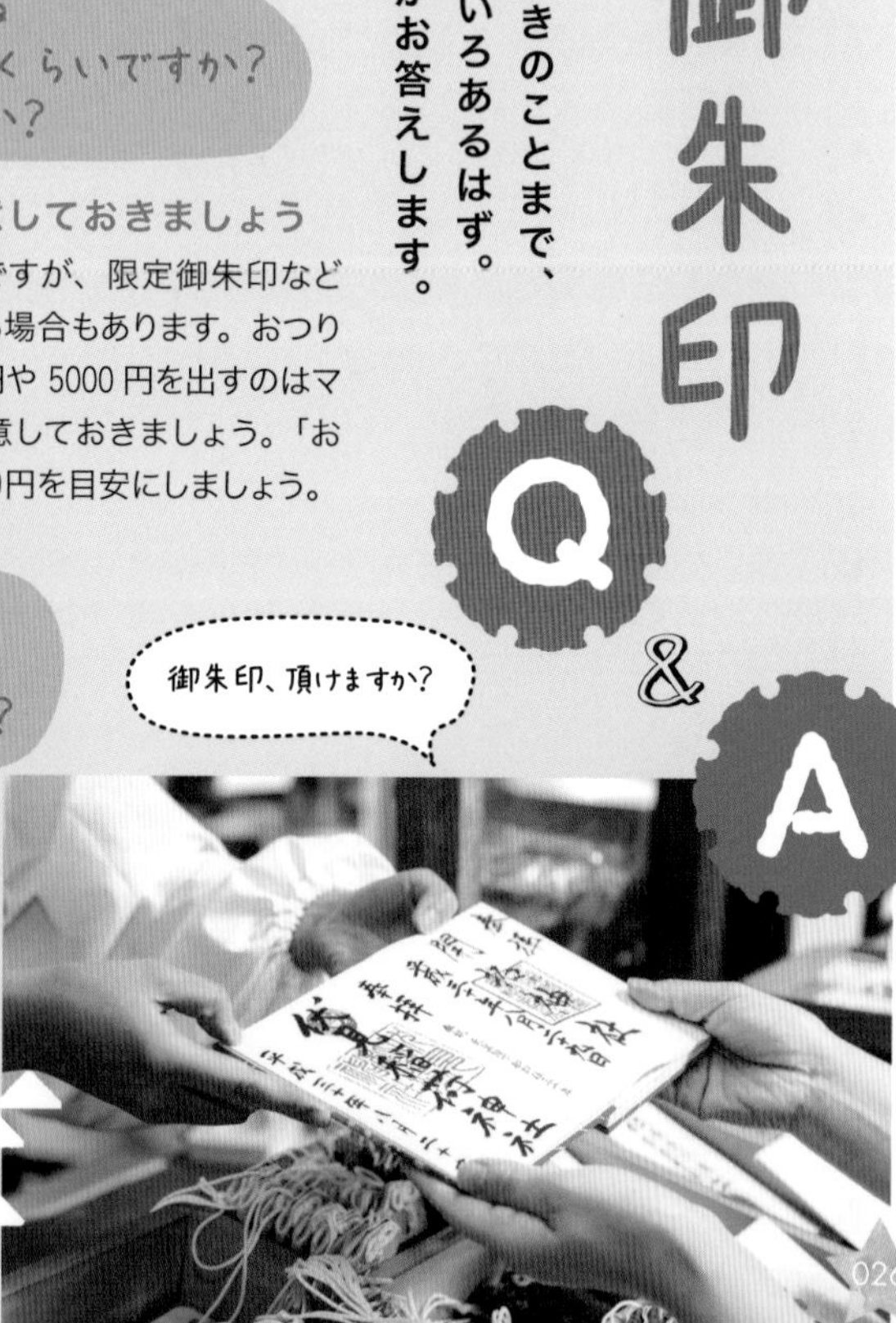

撮影地：伏見稲荷神社

Q 御朱印帳の保管場所は、やはり神棚ですか？

A 本棚でも大丈夫です

神棚がベストですが、大切に扱うのであれば保管場所に決まりはありません。本棚、机の上など、常識の範囲でどこでも大丈夫です。ただし、お札だけは神棚に祀ってください。

Q 御朱印帳を忘れたら？

A 書き置きの紙を頂きます

たいていの神社にはすでに御朱印を押してある書き置きがあります。そちらを頂き、あとで御朱印帳に貼りましょう。ノートやメモ帳には書いていただけません。

Q 御朱印を頂くと御利益がありますか？

A 神様が身近に感じられます

神様とのご縁ができたと思ってください。御朱印帳を通し、神様を身近に感じ、それが心の平穏につながれば、それは御利益といえるかもしれません。

Q 御朱印はいつでも頂けますか？すぐ書いていただけますか？

A 9:00〜16:00の授与時間が多いです

授与時間は9:00〜16:00の神社が多いです。本書では各神社に御朱印授与時間を確認し、データ欄に明記しているので、参照してください。また、どちらの神社もすぐに授与できるよう心がけてくださいますが、混雑する場合は時間がかかることも。時間がない場合は、御朱印を頂く前に神職に確認しましょう。

Q 御朱印帳は神社と寺院では別々にしたほうがいいですか？

A 一緒にしても構いません

特に分ける必要はありませんが、気になる人は分けても。御朱印には日付が入るので前回の参拝日、参拝の回数がすぐわかるため、気に入った神社専用の御朱印帳を作るのもおすすめです。

Q 御朱印を頂くときに守りたいマナーはありますか？

A 静かに待ちましょう

飲食しながら、大声でおしゃべりしながらなどは慎んだほうがいいでしょう。

Q 御朱印を頂いたあと、神職に話しかけても大丈夫ですか？

A 行列ができていなければ大丈夫です

行列ができているときなどは避けましょう。しかし、待っている人がいないときなどには、御朱印や神社のことなどを聞くと答えていただける神社もあります。

Q 御朱印ビギナーが気をつけたほうがいいことはありますか？

A 自分の御朱印帳かどうか確認を！

難しいことを考えずにまずは御朱印を頂いてください。ちょっと気をつけたいのは書いていただいたあと、戻ってきた御朱印帳をその場で必ず確認すること。他人の御朱印帳と間違えることがあるからです。後日ではすでに遅く、自分の御朱印帳が行方不明……ということもあるので気をつけましょう。

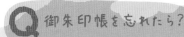

お作法講座

GOOD MANNERS

いざ！御朱印を頂きに

さまざまなお願いごとをかなえていただき、そして、御朱印を頂くためには、正しい参拝の方法、御朱印の頂き方をマスターしておきましょう。神様は一生懸命、祈願する人を応援してくれます。難しく考えずに、こちらに書いてある最低限のマナーさえおさえればOK！　それにきちんと参拝すると背筋が伸びて、気持ちもぴしっとしますよ。ここでは身につけておきたいお作法を写真で解説します。

撮影地：伏見稲荷神社

1 鳥居をくぐる

POINT

神道のお辞儀は数種類あり、軽く頭をさげることを「揖（ゆう）」といいます。

鳥居は「神様の聖域」と「人間界」を分ける結界という役目を担っています。まずは、鳥居の前で一礼（揖）。これは神域に入る前のごあいさつです。鳥居がいくつもある場合には一の鳥居（最初の鳥居）で一礼を。真ん中より左にいれば左足から、右にいれば右足から進みます。帰りも「参拝させていただき、ありがとうございました」という気持ちで、振り返って一礼します。

2 参道を歩く

参道を歩いて社殿を目指しましょう。歩くときは神様の通り道である真ん中「正中」を避けましょう。神社によって右側か左側か歩く位置が決まっている場合があります。

3 手水舎で清める

古来、水は罪や穢れを洗い流し清めるとされてきました。ですから、参拝前に必ず手水舎へ行って、身を清めます。

POINT

新型コロナウイルスの影響で柄杓がない神社や柄杓が使えない神社が増えています！

〈柄杓がない場合〉

①まずは流水で両手を清めましょう。

②手で水を取り、口をすすぎ、両手をまた流水で清めます。

〈柄杓がある場合〉

①柄杓を右手で取り、まず左手を清め、次に柄杓を左手に持ち替えて右手を清めます。

②右手に柄杓を持ち、左手に水を受けて口をすすぎ、口をつけた左手をまた水で清めます。

③最後に柄杓を立て、残った水を柄杓の柄にかけて清め、もとに戻します。

※手水舎にお作法の案内板がある場合は、それに従って身を清めましょう。

4 お賽銭を入れる

POINT
鈴があれば鈴を静かに鳴らします。鳴らすタイミングは、賽銭を投じてからという方が多いようです。

参拝の前に、まずお賽銭を静かに投じましょう。金額に決まりはなく、「いくら払うか」よりも、「神様へ感謝の心を込めてお供えする」ことが大切です。

5 拝殿で拝礼

拝礼は二拝二拍手一拝と覚えましょう

2回お辞儀をします。これを二拝といいます。お辞儀の角度は90度、お辞儀が済んだら二拍手。二拍手はパンパンと2回手をたたく動作です。感謝の気持ちを神様にささげ、祈願を伝えましょう。次にまたお辞儀。二拝二拍手一拝と覚えましょう。拝礼が済んだら静かに拝殿から離れます。

幸せをありがとうございます

POINT

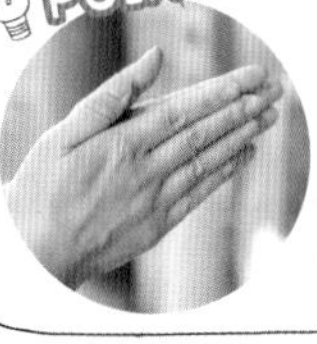

手をたたく際、一度揃えてから、右手を左手の第一関節くらいまでさげ、たたいたら戻します。

6 御朱印を頂く

POINT
御朱印を書いていただいている間は飲食や大声でのおしゃべりは慎み、静かに待ちましょう。受け渡しは両手で。

無事、御朱印を頂きました!

拝礼を済ませたら、いよいよ御朱印を頂きます。御朱印はお守りやお札などを授与している「授与所」や「社務所」、「御朱印受付」と表示してある場所で、「御朱印を頂けますか?」とひと言添えて頂きましょう。御朱印帳を出すときは、カバーを外したり、ひもでとじてあるものは開きやすいように緩めてから、挟んである紙などは外し、書いてほしいページを開いて渡します。御朱印代はほとんどの神社で300円。できればおつりのないよう、小銭を用意しておきます。御朱印帳を返していただいたら、必ず自分のものか確認しましょう。最近は番号札を渡されて、番号で呼ぶ神社も多いです。

神社の基本

開運さんぽに行く前におさえておくべき！

そもそも神社ってどういうところ？　祈願やお祓いって何？
そんな疑問に答えます。

協力：神田神社

神社の始まり

日本人は古代からあらゆる物に神が宿っていると考え、天変地異、人間の力ではどうにもならないような災害は神の戒めだと思っていました。ですから、自然のなかに神を見いだし、平穏無事を願いました。そのため、特に大きな山や岩、滝や木などに神の力を感じ、拝んでいた場所に社を建てたのが神社の始まりです。

神社とお寺の違いは？

大きな違いは、神社が祀っているのは日本古来の神様、お寺が祀っているのはインドから中国を経由して日本に伝わった仏様です。仏教が伝わったのは6世紀ですが、１００年ほどたつと神様と仏様は一緒であるという神仏習合《しんぶつしゅうごう》という考えが生まれます。そして明治時代になり、神様と仏様を分ける神仏分離令《しんぶつぶんりれい》が出されました。一般的に神社は開運などの御利益をお願いに行くところ。お寺は救いを求めたり、心を静めに行くところといわれています。

神様

仏様

神社で祀られている神様って？

日本人は「日本という国は神が造り、神が治めてきた」と思ってきました。そこで神社では日本を造り治めた神々、風や雨、岩や木に宿る神々を祀っています。さらに菅原道真公や織田信長公など歴史上に大きな功績を残した人物も神としてあがめてきました。それは一生懸命生きた人物に対するリスペクトからです。

神主さんってどういう人？

神社で働く人のこと。神社内の代表者を宮司《ぐうじ》といいます。位階は宮司、権宮司《ごんぐうじ》、禰宜《ねぎ》、権禰宜《ごんねぎ》、出仕《しゅっし》の順となっています。宮司から出仕まで神に奉職する人を神職と呼び、神職を補佐するのが巫女《みこ》です。神職になるには神道系の大学で所定の課程を修了するか、神社庁の養成講習会に参加するなどが必要ですが、巫女は特に資格は必要ありません。

神社という場所とは

神社は神様のパワーが満ちている場所です。一般的には、神社に参拝するのは神様に感謝し、神様からパワーをもらうため。そのためには自分の望みは何か、意思を神様に伝え、祈願することが大事です。感謝の気持ちを忘れず、一生懸命、お願いし、行動している人に神様は力を与えてくれるからです。また災難を除けるお祓いを受ける場所でもあります。

「お祓い」を受ける理由

穢れを落とすためです。「穢れ」は洋服などの汚れと同じと考えればいいでしょう。生きるためには食事をしますが、食事は動植物の命を奪い、頂くことです。いくら必要とはいえ、他者の命を奪うことはひとつの穢れです。穢れは災難を呼びます。その穢れを浄化するのがお祓いです。ときにはお祓いを受けて、生き方をリセットすることも必要です。

神社めぐりをもっとディープに楽しむために

知っておきたい『古事記』と神様

日本を造った神様の興味深いエピソードが書かれているのが『古事記』です。『古事記』を読むと、神社に祀られている神様のことが深く理解できます。難しそうですが、ポイントをおさえれば神社めぐりがより楽しくなること間違いなし！

『古事記』でわかる神様の履歴

『古事記』には神々がどのように誕生し、どんな力をもっているのかなど、さまざまなエピソードが紹介されています。つまり神様のプロフィールが記されているというわけです。神社の多くが『古事記』で登場する神々を御祭神として祀っています。ですから、『古事記』を読むとその神社の御祭神のことが、より深く理解できるようになるのです。

『古事記』は日本最古の歴史書

『古事記』という書名は、「古いことを記した書物」という意味。全3巻からなる日本最古の歴史書で、日本誕生に関する神話、神武天皇から推古天皇までの歴代天皇一代記などが記されています。皇室や豪族の間で語り継がれてきた話を太安万侶《おおのやすまろ》が文字に著し編纂、和銅5（712）年、元明天皇に献上しました。

御祭神を理解してから神社に参拝

神社の御利益は御祭神のプロフィールに大きく関係しています。例えば大《オオ》国主命《クニヌシノミコト》。試練を乗り越えて恋人と結ばれたと『古事記』に書かれていることから、縁結びに強く、オオクニヌシを祀る島根県の出雲大社は日本一の良縁パワースポットといわれています。ですから、神社でお願いごとをするときには、御祭神について知っておくと、その神社はどんな御利益があるかがわかるようになるのです。

『古事記』に登場する神様のなかでもまずは5大神様は知っておこう

国生みの神様、太陽神、縁結びの神様……。大勢いる神様のなかでも絶対、知っておきたい最重要5大神様を紹介します。

神様PROFILE

1 日本を造った国生みの神
イザナギノミコト【伊邪那岐命】

神生み、国生みの男神。イザナミを妻とし、淡路島など数々の島を生み、日本列島を造りました。アマテラスやスサノオをはじめ、多くの神々の父親でもあります。妻が亡くなると黄泉《よみ》の国(死者の国)まで会いに行くという愛情の持ち主で、夫婦円満、子孫繁栄、長命、さらに厄除けにもパワーがあります。

御祭神の神社 ➡ 美瑛神社(P.76)、多賀神社(P.80)など

2 多くの神々を生んだ女神
イザナミノミコト【伊邪那美命】

イザナギの妻として神や日本を生んだ女神。イザナギとともに日本最初の夫婦神です。火の神を出産したことによる火傷で亡くなり、黄泉の国へ旅立ちます。そこで黄泉津大神《ヨモツオオカミ》として黄泉の国を支配する女王となります。神や国、万物を生み出す強い生命力の持ち主なので、参拝者の心や体にエネルギーを与えてくれます。

御祭神の神社 ➡ 美瑛神社(P.76)、多賀神社(P.80)など

3 天上界を治め、太陽を司る最高神
アマテラスオオミカミ【天照大神】

イザナギの禊によって生まれた女神。天上界である高天原を治める太陽神で八百万の神々の最高位に位置し、皇室の祖神とされています。全国の神明神社はアマテラスが御祭神でその総本宮が伊勢神宮内宮です。自分自身の内面を磨きたいとき、未来を開きたいときなどに力を貸してくれます。

御祭神の神社 ➡ 新琴似神社(P.60)、岩見澤神社(P.66)など

4 乱暴者でも正義感が強い神
スサノオノミコト【須佐之男命】

アマテラスの弟。イザナギの禊によって誕生。父からは海を治めるように命じられますが、母のいる国に行きたいと反抗したため、追放されて放浪の身に。出雲に降り、ヤマタノオロチを退治して美しい妻を得ます。乱暴者ですが、正義感が強く、厄除け、縁結び、開運など多くの願いごとに応えてくれます。

御祭神の神社 ➡ 船魂神社(P.56)など

5 優しくて恋多き、モテモテの神
オオクニヌシノミコト【大国主命】

スサノオの子孫です。ワニに毛をむしられた白ウサギを助けた神話『因幡の白ウサギ』で有名です。スサノオが与えた試練に耐え、人間界を治め、出雲の国造りを行いました。『古事記』によれば多くの女神と結ばれ「百八十」の神をもうけたとあり、良縁や子孫繁栄に御利益があるといわれています。

御祭神の神社 ➡ 伏見稲荷神社(P.48)、夕張神社(P.68)など

相関図

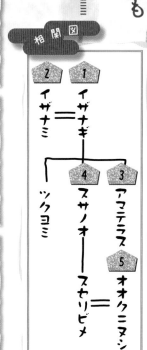

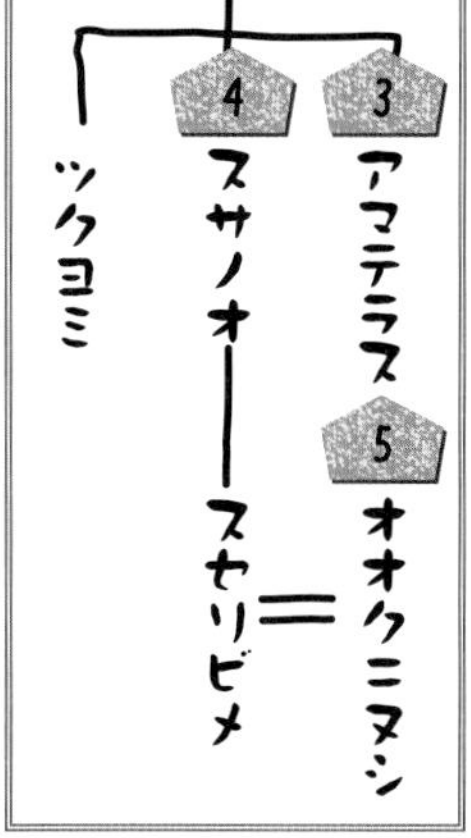

5大神様が主役。3つの神話

日本の神話で特に知っておきたい、3つの神話を『古事記』のなかからダイジェストでご紹介！

その1

日本列島とアマテラスの誕生

「国を完成させよ」と天上から命じられたイザナギとイザナミ夫婦は矛で海をかき回し、日本で最初にできた島・オノゴロ島を造ります。島に降り立ち、夫婦は島や多くの神々を生んでいき、日本列島が完成しました。ところが、イザナミは火の神を出産したときに亡くなり、黄泉の国（死者の国）へ行ってしまいます。妻を忘れられないイザナギは、妻を連れ戻しに黄泉の国に行ったものの、イザナミは屍と化した醜い姿になっていて、ビックリ！ 驚いて逃げる夫をイザナミは追いかけます。

壮絶な夫婦バトルの末、夫・イザナギは無事、黄泉の国から生還。イザナギは穢《けが》れを祓うため、禊を行います。この禊によって日本の神話で重要な神、アマテラスやスサノオ、ツクヨミが生まれたのでした。

Point!

多くの神様と日本列島を生んだことから、イザナギとイザナミの夫婦神は力強い生命力を与えてくれ、子孫繁栄や夫婦円満、厄除けの神様とされています。美瑛神社などに祀られています。

その2

最高神アマテラスと凶暴な神スサノオ

凶暴な性格で、父に反抗して追放されたスサノオは姉のアマテラスに会いに、神々が住む天上界を訪ねます。天上界の最高神・アマテラスは「弟が攻めて来たのか」と疑いますが、スサノオは邪心がないことを証明。そこで姉は弟に滞在を許します。しかし、スサノオの変わらない行儀の悪さに、怒ったアマテラスは天岩戸《あまのいわと》に籠ってしまい、天上界に光がなくなってしまいました。困った神々はアマテラスを岩屋の外に出して、光を取り戻そうと連日会議。「岩屋の扉の前で大騒ぎすれば、アマテラスは様子をうかがうために外に出てくるのでは？」と考え、岩屋の外で神々の歌や踊りが始まりました。アマテラスが外をうかがおうと扉を少し開けた瞬間、力の神・天手力男神《アメノタジカラオ》が扉を開き、アマテラスを引き出し世界に光が戻りました。この事件の原因でもあるスサノオは天上界からも追放されてしまいます。

その後、出雲の国に降り立ったスサノオは美しいクシナダヒメに出会います。ヒメは泣きながら、8つの頭と尾をもつ大蛇ヤマタノオロチに襲われていると訴えるのです。スサノオはオロチを退治。出雲に宮殿を建て、クシナダヒメを妻に迎え、仲よく暮らしました。

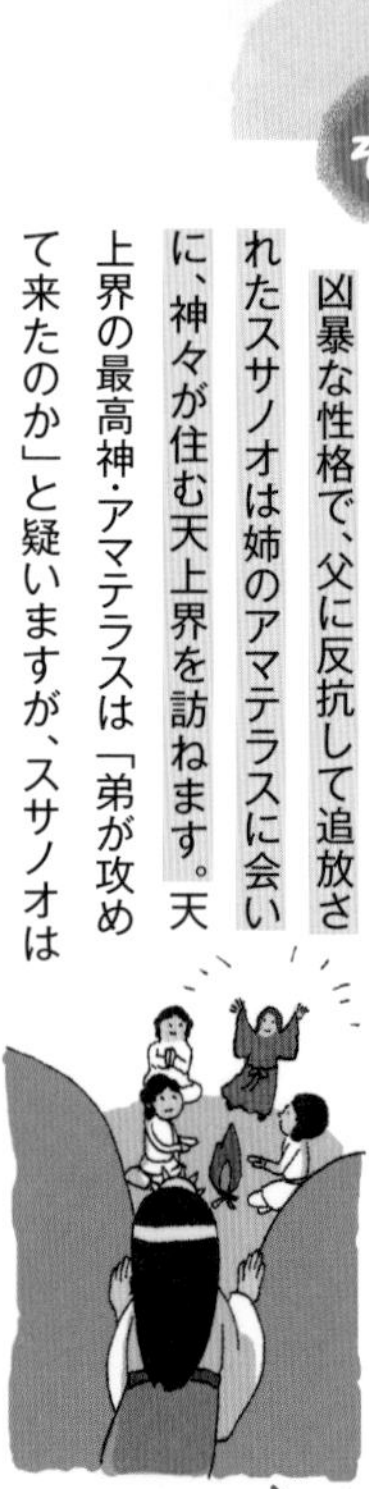

Point!

神々を治める絶対神・アマテラス。伊勢神宮をはじめ全国の神社に祀られ、人々の内面を磨いて成長させる御利益があります。スサノオは凶暴ながら愛する者のために闘うという一途さがあり、厄除け、縁結びのパワーがあります。

その3

国造りと国譲り

オオクニヌシには八十神といわれる大勢の兄弟神がいて、いつもいじめられていました。兄弟神たちは因幡の国に住む美しい神・ヤガミヒメに求婚するため旅に出ます。オオクニヌシは彼らの荷物持ちとして同行。道中、毛皮を剥がされ八十神にいじめられた白ウサギを助けると、そのウサギは「ヒメはあなたを選ぶでしょう」と予言。そのとおりに結ばれます。怒った兄弟たちは、オオクニヌシを殺してしまいました。

しかし、オオクニヌシは母の力で麗しい男としてよみがえります。母が言うには「兄弟たちに滅ぼされる前に根の国に逃げなさい」

逃亡先の根の国は死者の国のような場所で、出雲から移ったスサノオが住んでいました。そこでスサノオからさまざまな試練が課せられますが、スサノオの娘スセリビメにオオクニヌシは救われます。ふたりは苦難を乗り越えて結婚。根の国を出て、出雲の国を造りました。

さて、天上界ではアマテラスが地上界を平定しようとしていました。アマテラスは交渉役としてタケミカヅチを出雲に送り込みます。彼はオオクニヌシの息子と力比べをして、勝利。そこでオオクニヌシは国を譲ることになりました。その交換条件として出雲に壮大な社殿＝出雲大社が建てられ、オオクニヌシは出雲の神として祀られたのでした。

Point!

出雲大社に祀られているオオクニヌシは国を譲るなど協調性のある神様です。また女神にモテる神で出会いや縁を大切にしました。そこで人と人とを円満に結びつける縁結びの御利益があります。

出雲で
ひとふんばり

以上、駆け足でお送りしました!
パチ
パチ
パチ

この神様もおさえておきたい

神武天皇

アマテラスの末裔が東征 国を治め初代天皇となる

地上に降りたニニギノミコトはコノハナノサクヤヒメと結婚。ふたりの曽孫であるカムヤマトイワレビコは地上界を統治するのに最適な場所を探すため、日向(今の宮崎県)を出て東に向かいます。熊野からは八咫烏《ヤタガラス》の案内で大和に入りました。反乱を鎮め、奈良の橿原の宮で即位。初代・神武天皇となったのです。

ニニギノミコト

地上を支配すべく 天上界から降臨

地上界の支配権を得たアマテラスは、天上から地上に統治者を送ることにしました。選ばれたのが、孫であるニニギノミコトです。彼は天岩戸事件で活躍した神々を引きつれて、高千穂嶺に降臨。この天孫降臨により、天上界と地上界が結びつき、アマテラスの末裔である天皇家が日本を治めていくことになりました。

あなたの悩みに応えてくれる神様がすぐわかる！

神様との縁結びチャート

どの神様をお参りしようかと迷ったら、このチャートを試してみて。
簡単な質問に答えていくだけで、今のあなたに必要なパワーを授けてくれる神様が見つかります。
どの神様も本書で紹介している神社に祀られている神様ばかり。
あなたに必要な神様が見つかったら、さっそくパワーを頂きにお参りに行きましょう。

YESは → に、NOは → に進んでください

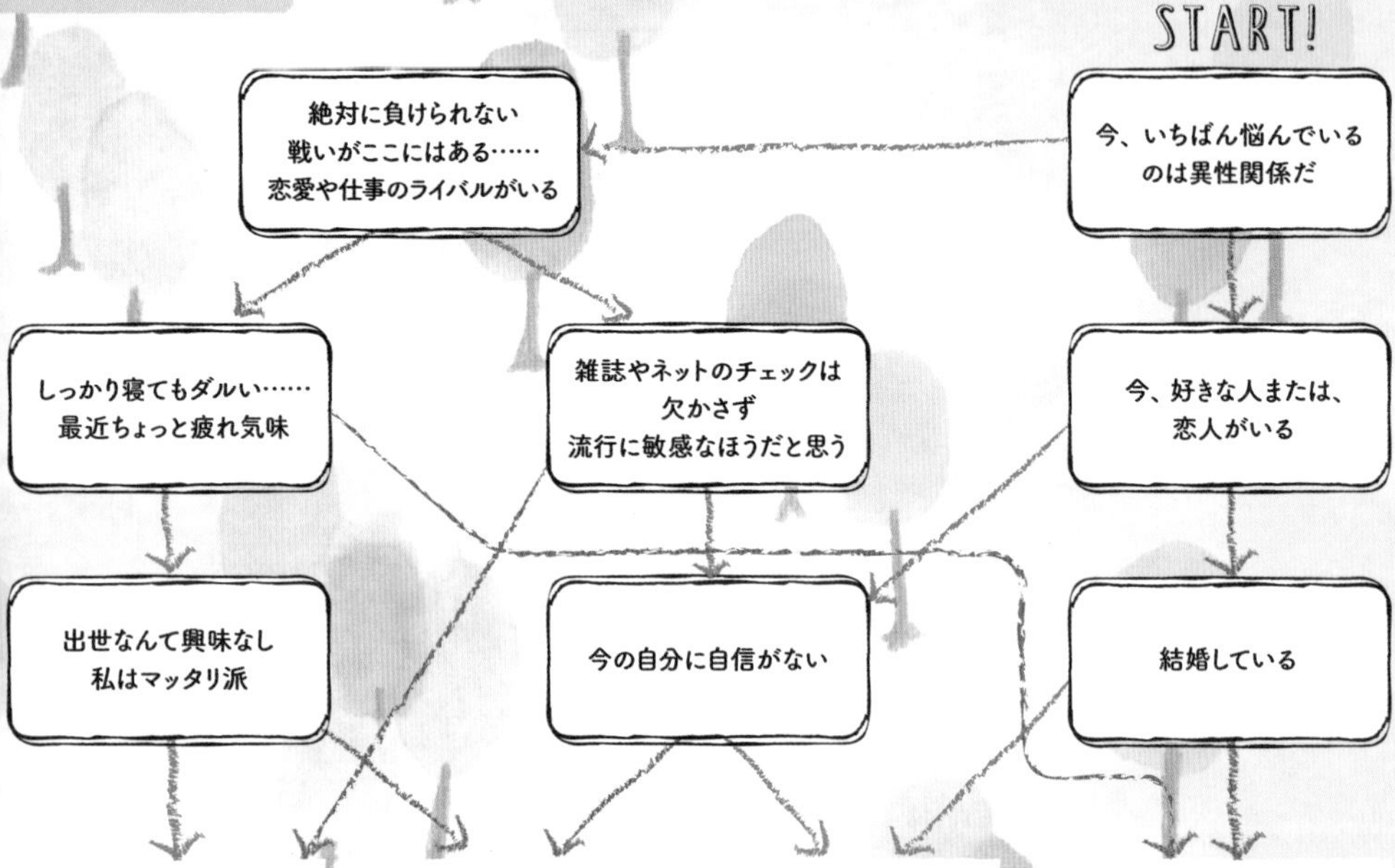
START!
今、いちばん悩んでいるのは異性関係だ
絶対に負けられない戦いがここにはある……恋愛や仕事のライバルがいる
今、好きな人または、恋人がいる
しっかり寝てもダルい……最近ちょっと疲れ気味
雑誌やネットのチェックは欠かさず流行に敏感なほうだと思う
出世なんて興味なし私はマッタリ派
今の自分に自信がない
結婚している

反骨心と正義感の強い
勝運、開運の神様

スサノオノミコト

どんな困難があっても、解決策を見つけて乗り越えていけて、時代の流れにも敏感でとても前向きな人のようです。でも、油断をすると思ってもみなかったような災難が襲ってきそう。スサノオノミコトは厄除けの御利益が絶大。あなたの周囲に潜む災難を遠ざけ、さらに自分を高め、キャリアアップしていけるパワーを頂きましょう。

自分磨きや未来を切り開く
パワーをくれる女神

アマテラスオオミカミ

今の自分に自信がない人、ライバルはいるけれど現状維持で満足という人。ときには周囲やライバルに自分の存在をアピールすることも大切です。そこで、最高神とも呼ばれる女神のパワーを頂きましょう。ファッションセンスを磨いたり、趣味や教養を身につけたり、魅力アップの力や未来を切り開くパワーを授けてもらえます。

優しくて恋多き
モテモテの神

オオクニヌシノミコト

縁結びでは最強のパワーがある神様。恋人との仲が進展しない、でも自分から行動する勇気がないという人には一歩前に進む力を授けてくれます。自分に自信のあるあなた。もしかして他人にとって少し怖い存在で孤立していませんか？仲間との協調性を身につけ、友人との良縁が結べるパワーを授けてもらいましょう。

夫婦円満と生命力をもたらす
国を生んだ夫婦の神

イザナギノミコト
イザナミノミコト

国を生んだ2柱の神様は愛する人のいる人に、将来、何が起きても、ふたりの仲が壊れることなく、年月を重ねるごとに絆が強くなっていく力を授けてくれます。ライバルがいるあなたはストレスで少し、お疲れ気味。そこで、神様から生命力強化のパワーを頂きましょう。重い疲れが軽くなるかもしれません。

行きつけ神社の見つけ方!

困難にぶつかったとき、
気分が晴れないとき、
そんなときに行きつけの神社があれば、
すぐに参拝してパワーをもらえたり、
心を落ち着かせたりすることができるでしょう。
行きつけの神社を見つけるヒントをご紹介します

撮影地:大森稲荷神社

まずは土地の守護神に参拝を

日本全国には8万社もの神社があり、そのなかから「行きつけ神社」を見つけるには、まず自分が住んでいる地域の氏神《うじがみ》・産土神《うぶすながみ》をお祀りする神社を調べましょう。氏神・産土神とはその土地の守護神のことで、自分がその土地に住みはじめてからずっと見守ってきてくれた神様といえます。

昔の人々は血縁関係で結ばれた集団を作って暮らすのが普通でした。彼らが守護神としてあがめたのが氏神です。例えば藤原氏は春日権現、源氏は八幡神を氏神にしていました。

一方、産土神は血族に関係なく、その土地を守る神様として崇敬されてきた神様でした。ところが、徐々に氏神も地域の守り神となり、両社の区別は曖昧になりました。現在では氏神も産土神も、その土地の守護神と考えられ、両社を総称して氏神としています。氏神に対し、神社のある地域に住んでいる人々を氏子といい、氏子を代表して神社との連携を図る役職を「氏子総代」といいます。どこの神社が自分の住所の氏神かは神社本庁のウェブサイトで各都道府県の神社庁の連絡先を調べて、電話で問い合わせると、教えてくれます。

やはり氏神の御朱印は頂いておきたいものです。また、転居したら、最初に氏神にあいさつに行きましょう。

よくある「八幡」「稲荷」はどんな神社?

神社めぐりをしていると、○○稲荷や○○八幡など同じ名前の神社が多くあることに気がつきます。これらは同じ系列の神社で同じ祭神を祀り、同じ御利益が頂けます。ですから、チャージしたいパワーによって参拝するべき神社が社名でわかるというわけです。ここでは本書に掲載している神社に関連する信仰の一部を紹介します。

稲荷信仰

祭神はウカノミタマノカミ。本来は稲の成長を見守る穀物、農業の神ですが、現在は商売繁盛や出世運の御利益でも信仰されています。営業成績アップや招福の祈願にはお稲荷さんへ行くとよいでしょう。

八幡信仰

北海道では北広島市の札幌八幡宮が有名で、武家の守護神として各地に祀られています。代表的な御利益は勝運。スポーツや勝負事だけでなく病気に打ち克つ力や弱気に勝つ力も頂けます。

天神信仰

学問の神様とされる菅原道真公をお祀りする神社で、学業成就・合格祈願の参拝者で天神社や天満宮はにぎわいます。入試だけではなく、資格試験や昇進試験の合格祈願にも応えてくれます。

護国神社

明治時代以降、戦没者を祀るため日本各地に創建された招魂社が、昭和14(1939)年に改称。一府県に一社が原則でしたが、北海道は広いため、北海道護国神社など三社が指定されました。

厳島神社

総本社は広島県廿日市市にある厳島神社で、全国に約500社あります。主祭神の市杵島姫命《いちきしまひめのみこと》が弁財天と習合したことから、厄除け・開運のほか、蓄財・技芸上達のパワーを頂けます。

出雲信仰

北海道には明治時代に移住した人たちが島根県の出雲大社と同じ御祭神を祀って創建した神社が多くあります。恋愛はもちろん、仕事や友人関係などあらゆる縁結びに御利益があります。

☆神社本庁ウェブサイトは
http://www.jinjahoncho.or.jp/

キーワードで知る神社

神社を参拝すると聞き慣れない言葉を耳にすることがあります。
そこで、わかりにくい「神社ワード」をピックアップし、解説。
これを知れば、神社めぐりがもっと楽しくなるはず。

【荒魂《あらたま》と和魂《にぎたま》】

神様がもつふたつの霊魂

荒魂は神様の荒々しい霊魂、和魂は穏やかな霊魂のことをいいます。どちらも神道における考え方で、伊勢神宮など、それぞれを祀るお宮が存在する神社もあります。

【御神木】

神域にある神聖な木

神社のシンボルであったり、神様が降臨する際の依代《よりしろ》（目印）であったり、神域にある特定の樹木や杜を、御神木と呼んでいます。御神木に注連縄《しめなわ》を張る神社もあります。

【勧請《かんじょう》・分霊】

別の土地の神様をお迎えします

離れた土地に鎮座している神様を分霊（御祭神の霊を分けて、ほかの神社に祀ること）し、社殿に迎え、奉ること。勧請はもとは仏教用語から来た言葉です。かつて分霊を勧請するときには神馬《しんめ》の背中に御神体をのせ、移動していたといわれます。

【大麻《おおぬさ》（大幣）】

祈祷などで使われるお祓いの道具

榊の枝や棒に紙垂《しで》（和紙でできた飾りのようなもの）、麻をくくりつけたものが一般的。この大麻を振ってお祓いをします。ちなみに伊勢神宮では御神札を「神宮大麻《じんぐうたいま》」といいます。

【宮司《ぐうじ》・権宮司《ごんぐうじ》】

栄えある神社のトップポジション

宮司は祈祷から神事まで幅広く従事する神社の代表のことをいいます。また権宮司はナンバー2のことで一部の神社で、宮司と禰宜の間に置かれているポジションになります。

【斎王《さいおう》】

神様に仕える未婚の内親王や女王

伊勢神宮などに奉仕する未婚の内親王または女王のこと。斎王の「斎」は、潔斎《けっさい》（神事などの前に心身を清めること）して神様に仕えるという意味です。京都の初夏を彩る「葵祭」の主役「斎王代《さいおうだい》」は、名前のとおり斎王の代理として神事を務めます。

【御祭神《ごさいじん》・御神体《ごしんたい》】

祀られている神様と神様の居場所

御祭神は神社にお祀りされている神様のこと。神社によっては複数の神様をお祀りしていて、主として祀られる神様を「主祭神」ともいいます。御神体は、神様が降臨するときに、よりどころとなる依代（目印）のようなもの。御神体そのものは神様ではありません。

第一章

【お札・お守り】

どちらも祈願を込めて祈祷されたもの

お札は神社で祈祷された紙や木、金属板のことです。災厄を除けるとされています。お守りはお札を小さくし、袋などに入れて、持ち歩けるようにしたものです。どちらも1年に一度は新しいものに替えるとよいとされています。

【神宮《じんぐう》】

皇室とゆかりのある由緒ある神社

神宮とは、皇室のご先祖や歴代の天皇を御祭神とし、古代から皇室と深いつながりをもつ特定の神社の社号です。なかでも「神宮」といった場合は、伊勢の神宮を指します。「伊勢神宮」は通称で、正式名称は「神宮」です。

【崇敬神社《すうけいじんじゃ》】

地域にとらわれず個人で崇敬する神社

全国の神社は伊勢神宮を別格として、大きくは崇敬神社と氏神神社に分けることができます。地縁などと関係なく、個人で信仰する神社を崇敬神社といい、人生のさまざまな節目などに参拝する人も。地域の氏神様と両方信仰しても問題はありません。

【神紋《しんもん》・社紋《しゃもん》】

神社で用いられている紋

神紋・社紋どちらも同じ意味です。神社にゆかりのある植物や縁起物、公家や武家の家紋が用いられることも。天満宮系はおもに「梅（梅鉢）紋」、春日大社系は「藤紋」と、社紋を見れば神社の系統がわかります。

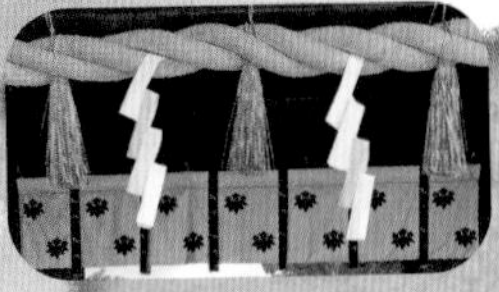

【榊《さかき》】

神棚や神事などに欠かせない樹

ツバキ科の常緑樹で小さな白い花をつけます。「さかき」の語源は、聖域との境に植える木、栄える木からなど諸説あります。「神事に用いられる植物」の意味から「榊」の国字になったともいわれています。

【禰宜《ねぎ》・権禰宜《ごんねぎ》】

神社トップの補佐役を担う

禰宜は権宮司がおかれていない場合、宮司の補佐役にあたります。権禰宜は職員。御朱印を授与しているのはおもに権禰宜です。境内の掃除や参拝者の対応のほか、社務所内での書類作成などのデスクワークや取材対応など広報のような役割を担うこともあります。

【幣殿《へいでん》】

神様の食べ物をお供えする場所

参拝者側から見て、拝殿・幣殿・本殿の縦並びが一般的。西野神社（→P.100）などで見ることができます。神事を司る人が神前で拝礼するときはこちらで。通常、一般の参拝者は入ることができません。

【巫女《みこ》】

神楽や舞を奉仕する女性

神職の補助や神事における神楽や舞を奉仕。神職にはあたらないため、資格は必要ありません（→P.31）。

【例祭《れいさい》】

神社の最も重要な祭祀

「例大祭」と呼ばれることも。基本的にはひとつの神社につき、例祭はひとつだけ。年に一度、日が決められていることがほとんどですが、参加者を考慮して週末などに開催されることもあります。

column

これを知っていれば、神社ツウ

境内と本殿様式

知ってるようで知らない境内のあれこれ。そして神様を祀る本殿の建築様式を知ると参拝がもっと楽しくなります！

参拝のための拝殿に本殿、摂社《せっしゃ》など盛りだくさん！

鳥居から本殿に向かって延びる道は参道です。参拝前に手や口を水で清めるところを手水舎《ちょうずや》＊といいます。御祭神をお祀りするのが本殿、その前にあるのが拝殿で参拝者は拝殿で手を合わせます。境内にある小さな祠《ほこら》は摂社、末社《まっしゃ》といいます。摂社は御祭神と関係が深い神様、末社にはそれ以外の神様が祀られています。拝殿前にある狛犬は、神様を守護する想像上の動物。正式には向かって右が獅子、左が狛犬です。本殿は建築様式によってさまざまなタイプがあります。いちばん大きな違いは屋根。おもな建築様式を下で紹介します。

＊「てみずしゃ」と読む場合もあり

本殿の建築様式。見分け方のポイントは屋根！

権現造《ごんげんづくり》

日光東照宮に代表される様式。拝殿と本殿の間に「石の間」と呼ばれる建物を設けている。屋根には神社ではあまり用いられない瓦葺《かわらぶき》も見られる。

神明造《しんめいづくり》

古代から伝わる高床式のスタイルで伊勢神宮が代表例。屋根には神社特有の千木、鰹木をのせている。檜皮葺《ひわだぶき》、茅葺《かやぶき》、板葺《いたぶき》がほとんどで勾配が急。

流造《ながれづくり》

神社建築で最も多いタイプ。側面から見ると正面にあたる屋根が長く前に延びているのがわかる。長く延びた部分を「庇《ひさし》」または「向拝《こうはい》」と呼ぶ。

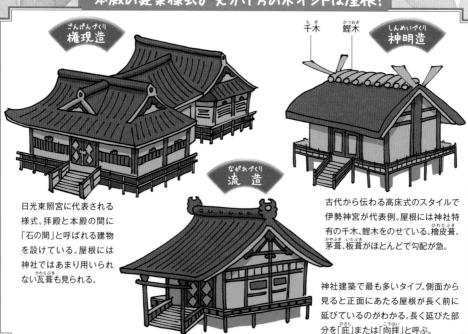

日帰り開運
モデルプラン
in 札幌

都市と自然が
融合する街で
心身ともにパワーアップ！

★北海道神宮
★伏見稲荷神社
★札幌護国神社・多賀神社
★北海道神宮頓宮
★三吉神社　★出世稲荷神社
★テレビ父さん神社

→ P.42

第二章

話題の神社をめぐる開運トリップへ
週末御朱印さんぽ

ウィークエンドは御朱印＆御利益をたっぷり頂きに小さな旅へ出発！
楽しさいっぱいの札幌＆函館神社めぐり旅をご紹介

日帰り開運
モデルプラン
in 函館

独自の歴史に
触れながら、
港街の神社めぐり

★船魂神社
★大森稲荷神社
★函館八幡宮
★函館護國神社

→ P.50

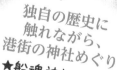

週末御朱印さんぽ
札幌編

日帰り開運モデルプラン in 札幌

都市と自然が融合する街で心身ともにパワーアップ！

明治2（1869）年に原野だった札幌の開拓が始まり、今や人口190万人を超える大都市に。とはいえ、豊かな自然がまだ残る札幌には、パワーみなぎるスポットがたくさん。御朱印を頂き、おいしいものを食べ、開運街歩きをしてみませんか。

8:00
まずは円山公園と原始林で、自然のパワーをチャージ

花見の名所として市民に親しまれている円山公園。広大な敷地内には、杉林やカツラの大木などがあり、リスや野鳥に出合えることもあります。隣接する円山原始林は、国の天然記念物に指定されており、朝からマイナスイオンたっぷりの森林浴体験ができます！

札幌を代表する桜の名所でもあり、秋の紅葉も格別

DATA map Ⓐ
円山公園《まるやまこうえん》
電話／011-621-0453
住所／北海道札幌市中央区宮ケ丘
交通／地下鉄東西線「円山公園駅」から徒歩5分
駐車場／なし

徒歩すぐ

9:00
地元の人たちに愛される北の総鎮守・北海道神宮

円山公園に隣接する神宮は、名実ともに北海道随一の神社。北海道の開拓者たちの心のよりどころとして、明治時代から親しまれてきました。北海道の国土の神様である大国魂神《おおくにたまのかみ》ら、四柱の神様をお祀りしています。約19万平方メートルの境内地は深い緑に囲まれ、厳かな雰囲気。春には桜や梅が美しく咲き誇ります。境内社として、開拓神社、鉱霊神社、穂多木神社があります。

開拓70年にあたる昭和13年に創建された境内社の開拓神社

DATA map Ⓑ
北海道神宮
→P.46

神社敷地内

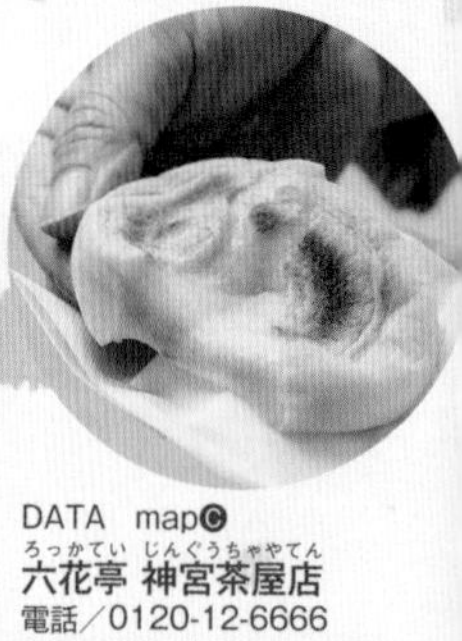

柔らかくつき上げた餅はそば粉入り

9:30
六花亭 神宮茶屋店で頂く、限定菓子「判官さま」はマスト

参拝後は、神宮の西駐車場そばにある参拝者休憩所でもある六花亭へ。ここの名物が、そば粉入りのお餅「判官さま」。神宮の境内に像がある、開拓判官・島義勇《しまよしたけ》にちなんで名づけられました。焼きたての餅の中には、粒あんが入っていて香ばしさと優しい甘さにホッとします。1個130円。

DATA map Ⓒ
六花亭《ろっかてい》 神宮茶屋店《じんぐうちゃやてん》
電話／0120-12-6666
住所／北海道札幌市中央区宮ケ丘474-48
交通／地下鉄東西線「円山公園駅」から徒歩15分
営業時間／9:00～17:00（季節により変動あり）
休み／無休　CC／可

徒歩約5分

10:00
WAKE CAFEで、しばしのコーヒーブレイク

2018年6月にリニューアルオープンしました

北海道神宮の第二鳥居から歩いて約5分。懐かしさが漂う店内では、マスターがていねいに入れるコーヒーや昔風ナポリタン、写真映え間違いなしのレモントーストなどが味わえます。4月下旬～9月上旬の金・土・日曜は、6:00～9:00のモーニングもあり。早朝参拝の帰りに立ち寄る地元の人も多いそうです。

DATA map Ⓓ
WAKE CAFE《ウェイク カフェ》
電話／011-213-8819
住所／北海道札幌市中央区宮の森1条10-4-33
交通／地下鉄東西線「円山公園駅」から徒歩10分
営業時間／10:00～18:00（17:00LO）
休み／月曜、不定休あり　CC／不可

11:30

幾重にも重なる朱塗りの鳥居が印象的な伏見稲荷神社

藻岩山山麓エリアにある神社。坂道に連なる正面の鳥居が美しいと、着物姿で撮影をする人の姿も多く見られます。境内には、願掛けをするとかなう「願い石」も。風水的にもよい場所といわれ、パワースポットとしても人気です。

DATA　mapⒺ
伏見稲荷神社→P.48

いつの頃からか「願い石」と呼ばれるように

バスと徒歩で約20分

徒歩約1分

Lunch!

12:30

縁起のよさそうな店名「鬼はそと福はうち」でランチ!

おなかがすいたら、伏見稲荷からすぐのこちらへ。昼はカレーうどん専門店「鬼はそと」で、夜はすき焼き・しゃぶしゃぶ専門店「福はうち」という二刀流の店です。試行錯誤の末に誕生したカレーうどんは、甘口、中辛、辛口とあり、どれにするか迷ったら、3種類が味わえる「"名物"鬼はそと三種」1650円を。

DATA　mapⒻ
鬼《おに》はそと 福《ふく》はうち
電話／011-520-1414
住所／北海道札幌市中央区伏見1-3-11
交通／地下鉄東西線「円山公園駅」からJRバスロープウェイ線で9分、「伏見町高台」下車、徒歩1分
営業時間／鬼はそと11:30～16:00(15:30LO)、福はうち17:30～22:00(21:00LO)
休み／無休
CC／可
駐車場／26台

高台に位置し、眺めも抜群のロケーション。地元客でいつもいっぱい

夜もチェックしておきたいエリアです

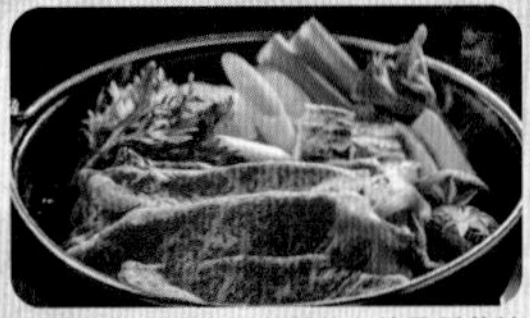

明かりがともされた幻想的な伏見稲荷神社に参拝したいなら、夕刻に訪れましょう。そして、帰りには「福はうち」で、道産牛や道産黒毛和牛のすき焼きやしゃぶしゃぶを味わって!

バスと徒歩で約35分

14:30

札幌護国神社・多賀神社で縁結びや長寿を祈願

日本の都市公園100選に認定されている中島公園に隣接し、四季折々の自然景観も楽しめるロケーション。境内には三笠宮崇仁親王殿下が命名した慰霊碑群が祀られています。境内社の多賀神社には願いを聞いてくれる「菊石」があり、願掛けをする参拝者が多く訪れます。

DATA　mapⒼ
札幌護国神社《さっぽろごこくじんじゃ》・多賀神社《たがじんじゃ》→P.80

境内の大木周辺ではエゾリスが元気に走り回る姿も見られる

荘厳で優美な社殿の札幌護国神社

色鮮やかな多賀神社の花手水

地下鉄と徒歩で約35分

15:30
恋が実りますように……
北海道神宮頓宮へ参拝

縁結びや子宝の御利益があるとして人気の北海道神宮頓宮。鳥居のすぐそばに1対、社殿の手前に1対と、2組の狛犬が祀られています。鳥居のそばの狛犬に触れると恋愛成就、本殿手前の狛犬には子授かりや安産の御利益があるそうで、多くの女性たちが訪れています。

本殿そばの、子宝や安産の御利益がある狛犬

DATA　map🅗
北海道神宮頓宮
→P.49

徒歩約4分

16:00
近くにいるなら食べておきたい!
玉翠園の雪萌えパフェ

昭和8(1933)年創業の日本茶専門店ですが、ただのお茶の店ではありません。独自の技で長期熟成させた抹茶を贅沢に使ったアイスと、十勝産の牛乳を使ったオリジナルソフトクリーム、十勝の粒あんなどが入ったパフェが超人気の店でもあるのです。

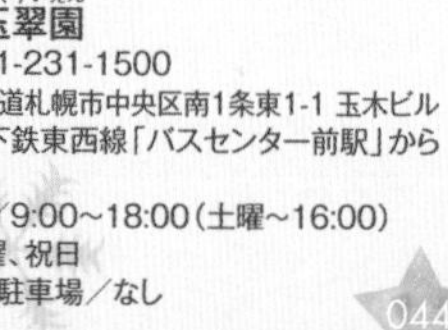

「雪萌えパフェデラックス抹茶コーン」600円

DATA　map❶
お茶《ちゃ》の玉翠園《ぎょくすいえん》
電話／011-231-1500
住所／北海道札幌市中央区南1条東1-1 玉木ビル
交通／地下鉄東西線「バスセンター前駅」から徒歩5分
営業時間／9:00~18:00(土曜~16:00)
休み／日曜、祝日
CC／可　駐車場／なし

創成川公園《そうせいがわこうえん》でひと休み

札幌の時間を知るための日時計「SAPPORO SUNDIAL」。人と自然の関係にあらためて気づかされます

玉翠園のすぐそばを流れる創成川。さまざまな樹木や草花が植えられ、美しく整備された公園が川沿いに続きます。アート作品も随所に置かれ、憩いの場となっています

徒歩と市電で約10分

16:30
ビジネスパーソンが足を運ぶ
三吉神社で勝利・成功祈願!

高層ビルやマンションが建ち並ぶなかにある三吉神社。ビジネス街ということもあり、通勤時に立ち寄る人が多いそう。街にありながら、境内に足を踏み入れると、喧騒がピタリとやんだような静かで厳かな空気が漂います。

DATA　map🅙
三吉神社
→P.106

こちらもきちんと参拝したい
出世稲荷神社
三吉神社の本殿の横にある小さなお社。いつ頃からここにあるのかは定かではないそうですが、「出世稲荷神社」というだけあり、商売繁盛を願うビジネスパーソンが参拝に訪れています。

17:30

徒歩で約4分

都心の中のオアシス的スポット、大通公園でパワーチャージ！

札幌の街を南北に分けるグリーンベルト。中心部にありながら緑が豊かなので、地元の人はもちろん、観光客も休息に多く訪れる公園です。さっぽろ雪まつり、ホワイトイルミネーション、さっぽろ夏まつり、オータムフェストと、四季ごとにさまざまなビッグイベントが行われます。

DATA　mapⓀ
大通公園《おおどおりこうえん》
電話／011-251-0438
住所／北海道札幌市中央区大通西1～12
交通／地下鉄「大通駅」・「西11丁目駅」直結
営業時間／見学自由
駐車場／なし

徒歩すぐ

展望台には、テレビ父さん神社なるスポットも!!(→P.114)

夜景の美しさも見逃せない！

夜もぜひチェックしておきたいテレビ塔。ライトアップとカラフルなイルミネーションを交互に楽しめます（タイムスケジュールはウェブサイトで確認を）。さらに展望台から見る夜景も感動的です

DATA　mapⓁ
さっぽろテレビ塔《とう》
電話／011-241-1131
住所／北海道札幌市中央区大通西1
交通／地下鉄「大通駅」から徒歩5分
営業時間／9:00～22:00（最終入場21:50）
休み／不定休
料金／展望台1000円
CC／不可
駐車場／なし

18:00

さっぽろテレビ塔にも、なんと神社がある?!

大通公園の東端に建つ、札幌のランドマーク・テレビ塔。約90mの所にある展望台からは、札幌の街並みが一望できます。

徒歩で約10分

19:00

Dinner!

テンション上げて、海味はちきょう 本店へ

店内に足を踏み入れると、威勢のいい声で出迎えてくれるこの店。全道から集まった季節の魚介や旬の野菜を使ったこだわり料理が味わえます。かけ声とともにイクラが盛られる名物「つっこ飯」は、大中小あり、小が2290円。

漁師が集まる番屋をイメージした店内

DATA　mapⓂ
海味《うみ》はちきょう 本店
電話／011-222-8940
住所／北海道札幌市中央区南3条西3都ビル1階
交通／地下鉄南北線「すすきの駅」から徒歩1分
営業時間／18:00～23:00LO、日曜、祝日17:00～22:00LO
休み／無休
CC／可　駐車場／なし

札幌MAP

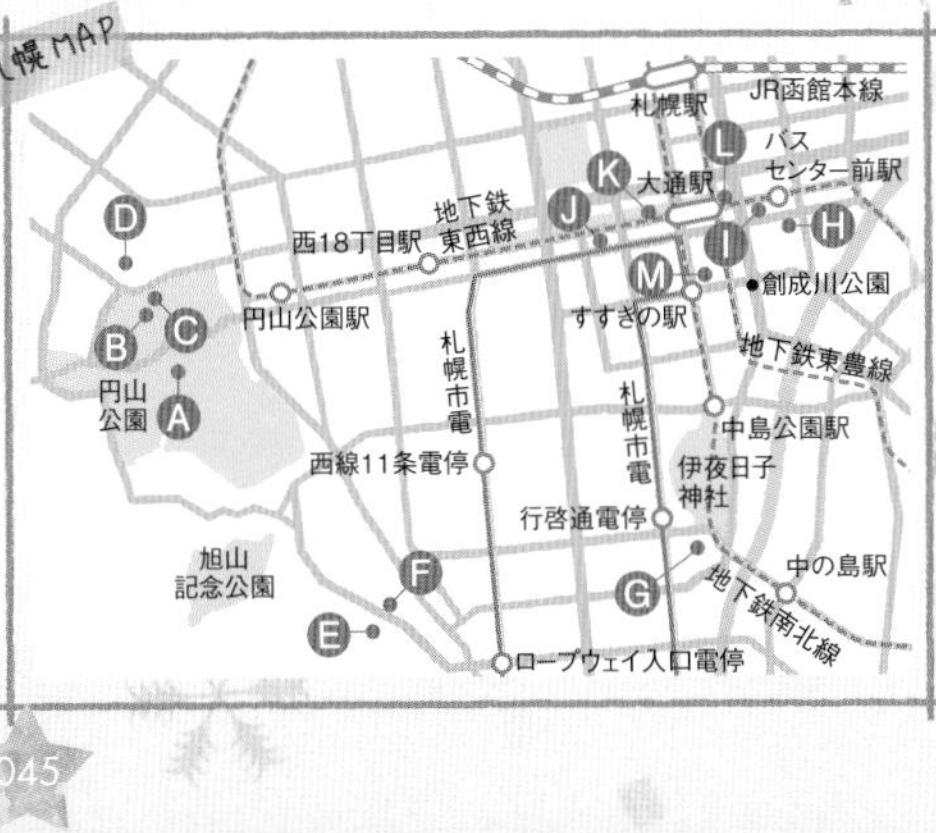

総合運

必ず寄りたい、北海道の一之宮

明治時代の開拓を支えた北の大地の総鎮守。

御祭神は、開拓三神と明治天皇の四柱。

主祭神
大国魂神《オオクニタマノカミ》　大那牟遅神《オオナムチノカミ》
少彦名神《スクナヒコナノカミ》　明治天皇《メイジテンノウ》

北《ほっ》海《かい》道《どう》神《じん》宮《ぐう》

札幌に来たなら、ぜひとも参拝しておきたいのが北海道神宮です。

まだ、蝦《え》夷《ぞ》地《ち》と呼ばれていた北の大地を日本の国土と明確にするため、明治２（１８６９）年に「北海道」と命名されました。同年秋に、明治天皇の詔《みことのり》により、北海道の開拓・発展の守護神として、大国魂神・大那牟遅神・少彦名神の三柱の神々が鎮斎されました。現在の場所に社殿が建てられたのは明治４（１８７１）年で、当時は「札幌神社」と呼ばれていました。

約６万坪の広い境内には、杉林などがあり、野鳥や野生動物も多数生息。自然豊かな北海道らしさを感じられる神社です。

また、境内には約１０００本の桜が植えられ、毎年春になると多くの花見客でにぎわいます。

神門をくぐると、目の前に拝殿が現れます。この神門は昭和11（1936）年の昭和天皇行幸に際し、造営されました

たくさんの参拝者が一度に心身を清めることができる比較的大きい手水舎

北海道神宮には５つの鳥居があり、これは表参道に続く第二鳥居

取材スタッフのこぼれ話

桜で有名な北海道神宮ですが、実は紅白の梅の花が咲く梅林も見事。120本近くの梅の木があるそうです。こちらの梅は桜と同時期、ゴールデンウイークあたりに見頃を迎えます。ここで採れた梅の実と手稲山系の伏流水で作られた梅酒「神宮の梅」（1000円）もあります。

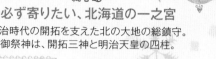

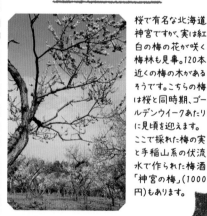

境内社の「穂多木神社」。もともと北海道拓殖銀行本店の屋上に銀行の守護神として祀られていましたが、昭和25(1950)年に北海道神宮へ遷座

東京から到着した「開拓三神」の御霊代を、函館から背負って札幌に入った開拓判官・島義勇（よしたけ）の像。彼の都市構想が今の札幌の街のベースとなっています

開拓に心血を注いだ先人を祭祀

北海道神宮には、境内社が3社。そのうちのひとつが「開拓神社」です。北海道開拓の功労者を祭祀するために昭和13(1938)年に建立されました。

開拓神社の祈願札は、家内安全など全部で9種類あり、初穂料は300円。名前を書いて、指定の場所に納めた木札は、開拓神社の例祭の前日に祓い清められてお焚き上げをすることで神様に届けられます

開拓神社の御朱印も頂けます。参拝後に頂きましょう

御朱印

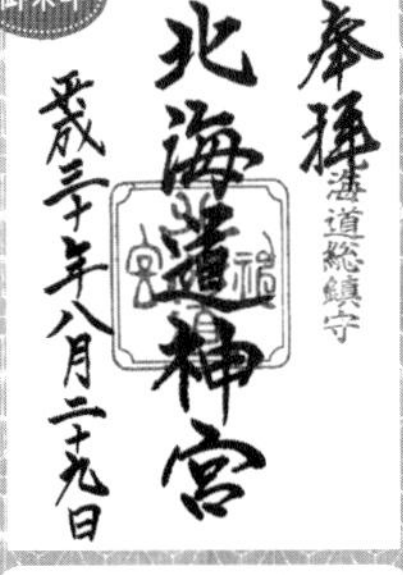

墨書／奉拝、北海道神宮　印／北海道総鎮守、北海道神宮　●北海道神宮という名称になったのは、明治天皇を御増祀した昭和39(1964)年。御朱印が頂けるのは、本殿横にある御祈祷の受付になります

御朱印

墨書／奉拝、開拓神社　印／北海道神宮末社開拓神社　●お参り後、北海道神宮の御祈祷受付で、「開拓神社の御朱印も頂けますか」と声をかけて、頂きましょう

＼御朱印帳はこちら！／

雪国らしく、雪の結晶が刺繍された冬バージョン。緑豊かなすがすがしさを感じさせる春バージョンもあります

御朱印にはしおりも付きます

お守り

災難を取り除いてくれる「身代わり守」(800円)

DATA
北海道神宮
創祀／1869年
本殿様式／神明造
住所／北海道札幌市中央区宮ヶ丘474
電話／011-611-0261
交通／地下鉄東西線「円山公園駅」から徒歩15分
参拝時間／4月1日～10月31日6:00～17:00、11月1日～2月28日7:00～16:00、3月1～31日7:00～17:00、1月1日0:00～19:00、1月2～3日6:00～18:00、1月4～7日6:00～16:00、1月8～31日7:00～16:00
御朱印授与時間／9:00～閉門（正月期間は要問い合わせ）
URL http://www.hokkaidojingu.or.jp/

お守り

常に身に付けていたい「肌守」500円

手帳などに挟んでおける「カード型肌守」(500円)

＼神社の方からのメッセージ／

6月の例祭「札幌まつり」では、総勢1000人近くの神輿渡御行列が、笛や太鼓のお囃子とともに札幌の街を練り歩きます。この華麗な行列は、札幌に夏を告げる風物詩となっています。

仕事運

「願い石」にしっかり願掛け

キツイ坂道もなんのその。上り切った先には
パワーみなぎる赤い屋根の社殿が！

主祭神
倉稲魂命《ウガノミタマノミコト》　大山祇命《オオヤマヅミノミコト》
大国主命《オオクニヌシノミコト》　事代主命《コトシロヌシノミコト》

伏見《ふしみ》稲荷《いなり》神社《じんじゃ》

京都・伏見稲荷大社の御分霊を奉斎。御祭神のお稲荷様は、衣食住の太祖であり、五穀豊穣、商売繁盛、殖産興業の神様としてあがめられています。

近年は、パワースポットであるという評判や願いがかなう石の御利益が広まり、それに引かれて訪れる人も増えているそう。木々に囲まれ、朱色の鳥居が連なる社殿までの坂道は、ここがパワースポットといわれるのも納得の厳かな雰囲気です。

生き石として祀られてきた「願い石」

境内に6分の1ほど頭を出していた石。社務所増築の際に掘り起こし、奉られました。いつの頃からか、願いがかなうといわれ、「願い石」と呼ばれるように。

坂を上り切ると見えてくる拝殿。こちらの屋根は鮮やかな朱色です

拝殿の右奥にある荒魂社は、荒れた世相を鎮めるために創建されました

取材スタッフのこぼれ話

神社で保管していた「願い石」を、平成5年頃に今の場所に奉ったのは信心深い篤志家の方だそう。さらに平成15年に、同じ篤志家の方が雪や雨にぬれてはいけないと屋根を御寄進されました。

DATA
伏見稲荷神社
創建／1884年
本殿様式／神明造
住所／北海道札幌市中央区伏見2-2-17
電話／011-562-1753
交通／地下鉄東西線「円山公園駅」からJR北海道バスで10分「啓明ターミナル」下車徒歩10分
参拝時間／自由
御朱印授与時間／10:00～16:00
URL なし

御朱印

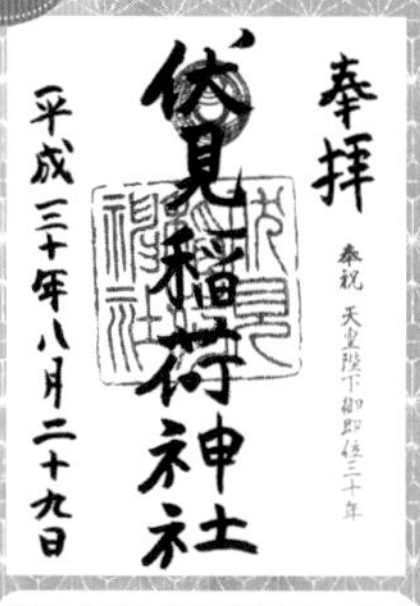

墨書／奉拝、伏見稲荷神社　印／奉祝 天皇陛下御即位三十年、社紋、伏見稲荷神社　●社紋には、稲や宝珠があしらわれています。このあたりの地名が「伏見」というのは、この神社があるからといわれています

お守り

祈願紙に願いごとを書いて、願い石のところに掛け、お守りは身に着けておく「願掛け守」（700円）が人気

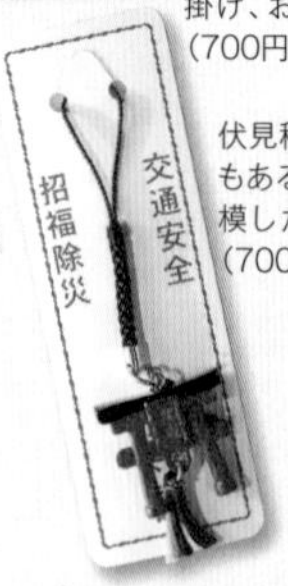

伏見稲荷の特徴でもある赤い鳥居を模した「開運守」（700円）

お守り

音楽や踊りなどが上手になる御利益がある「技芸上達御守」（800円）

神社の方からのメッセージ

当社には、社殿までの坂道に27基の朱色の鳥居と7つの灯籠があります。黄昏時になると、灯籠に明かりがともされ、幻想的でロマンティックな雰囲気に。すばらしいロケーションを楽しめます。

札幌

恋愛運

女性にパワーを与えてくれる！

恋愛成就、子授かり、そして安産……。
下町風情が残る街で地元民から愛される神社

主祭神
大国魂神《オオクニタマノカミ》　大那牟遅神《オオナムチノカミ》
少彦名神《スクナヒコナノカミ》　明治天皇《メイジテンノウ》

北海道神宮頓宮《ほっかいどうじんぐうとんぐう》

開拓期、円山に鎮座した札幌神社（現在の北海道神宮）の遥拝所として設置されたのが始まり。当時、冬の積雪期に円山までの参拝が困難であったためだそう。

頓宮というのは、神輿渡御の際の御宿所という意味。近年は、社殿前に鎮座する2対の狛犬が安産や子授かり、恋愛に御利益があるとクチコミで広がり、多くの女性たちが朝早くから参拝に訪れます。

古い狛犬は、明治23（1890）年に奉納されたと石に刻まれています

じゃれる子供の狛犬が愛らしい

2対あるうち、社殿そばの古い狛犬に子授かりや安産の御利益があるといわれています。社殿に向かって左の狛犬の足元には、子供の狛犬が！

「幸」を招く!!
狛犬お守り

お守り

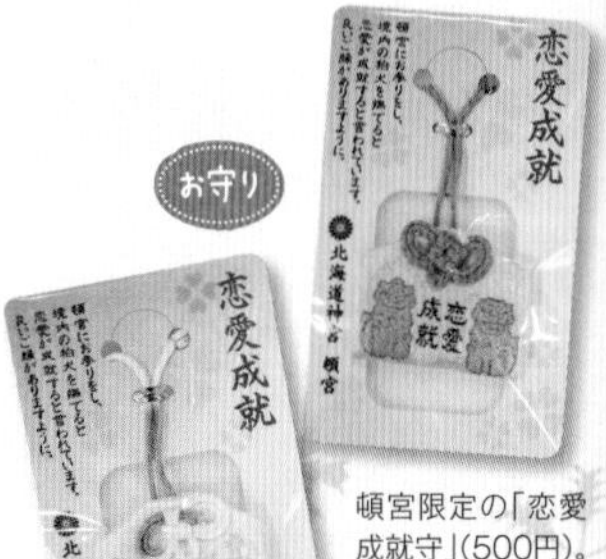

頓宮限定の「恋愛成就守」（500円）。色違いで揃います

取材スタッフのこぼれ話

6月の札幌まつりの神輿渡御では、北海道神宮から頓宮を往復します。「年に1度、神様がこちらへ来てくださる……。七夕みたいにロマンティックね」と話す近隣のおばあちゃまたちも。

DATA
北海道神宮頓宮
創建／1878年
本殿様式／神明造
住所／北海道札幌市中央区南2条東3
電話／011-221-1084
交通／地下鉄東西線「バスセンター前駅」から徒歩3分
参拝時間／自由
御朱印授与時間／9:00～16:00
URL http://www.hokkaidojingu.or.jp/tongu/

御朱印

墨書／奉拝、北海道神宮頓宮
印／狛犬、北海道神宮頓宮
●狛犬に触れて帰る参拝者がほとんどだそう。右下には、そんな頓宮らしい狛犬のスタンプを押してくれます

絵馬

仲睦まじい狛犬とハート型がかわいい「恋愛成就絵馬」（500円）もあります

「家内安全招福絵馬」（500円）。絵馬のイラストは頓宮の巫女さん作

神社の方からのメッセージ

昭和22（1947）年に地元の氏神様としてお祀りしたいという地域の方の声があり、正式に神社となりました。人と人のつながりを作るのが地元の神社の役割でもあるので、地域活性化のためのイベントなどにも協力しています。

日帰り開運
モデルプラン
in 函館

独自の歴史に触れながら、港街の神社めぐり

道内有数の観光都市・函館。安政6（1859）年の箱館港開港以来、西洋文化をいち早く取り入れた建物や街並みは、今もモダンかつレトロな雰囲気を醸し出しています。道内でも長い歴史のある港街ならではの開運さんぽを楽しみましょう。

ネギ状の小ドームが特徴の函館ハリストス正教会（左）と白壁に十字をあしらう函館聖ヨハネ教会

CMなどに使われた函館湾を一望できる八幡坂

9:00

参拝のスタートは北海道最古といわれる船魂神社から

港を見下ろす場所に鎮座する船魂神社。近くには、旧イギリス領事館や函館ハリストス正教会などの観光名所が建ち並びます。昔から海上安全、大漁祈願などの神様として地元の人たちに崇敬されてきました。願いごとがあるなら祈願符を。

DATA　mapⒶ
船魂神社→P.56

境内にある祈願符に願いを書きます

祈願符を石鉢のなかの御神水へそっと浮かべます

紙が静かに沈み、願いがかなうといわれています

徒歩約8分

義経伝説が残る神社でもあります

10:00

異国情緒あふれる教会群&函館市旧イギリス領事館へ

函館といえば、西洋の文化がいち早く入った港街。神社めぐりの旅ですが、せっかくなのでちょっとだけ趣向を変えて、イギリスの香り漂う旧イギリス領事館や教会群あたりを歩いて函館の歴史に触れてみましょう。

DATA　mapⒷ
函館市旧《はこだてしきゅう》イギリス領事館《りょうじかん》
電話／0138-83-1800
住所／北海道函館市元町33-14
交通／函館市電「末広町電停」から徒歩5分
営業時間／9:00～19:00（11～3月は～17:00）
休み／年末年始
料金／300円
駐車場／なし

風水的にパワースポットともいわれる五稜郭。その五行のエネルギーが集まっているとされる箱館奉行所にもぜひ立ち寄ってみて

ここが箱館奉行所

市電と徒歩で約40分

徒歩約4分

11:30

函館塩ラーメンを代表するあじさい本店でお昼ご飯!

おなかがすいたら、五稜郭エリアにある函館ラーメンの有名店で、名物の塩ラーメンを。昆布ベースに豚骨と鶏ガラを加えたスープは、あっさりしているのにコクがある絶妙なおいしさ。特注のストレート麺とよく合う味わいです。

\Lunch!/

一番人気の「味彩塩拉麺」930円

DATA map©

函館麺厨房《はこだてめんちゅうぼう》あじさい本店《ほんてん》
電話／0138-51-8373
住所／北海道函館市五稜郭町29-22
交通／函館市電「五稜郭公園前電停」から徒歩7分
営業時間／11:00～20:25LO
休み／第4水曜（祝日の場合は翌平日、変更の場合あり）
CC／可
駐車場／7台

12:15

特別史跡の五稜郭跡。実はパワースポットとしても人気

美しい星形をした日本初の西洋式城塞。箱館戦争の舞台でもあり、多くの歴史好きが訪れます。星の形を見たいなら、五稜郭タワーへ。高さ90mから一望できる五稜郭と函館市街の眺めは迫力があります。

DATA map©

五稜郭跡《ごりょうかくあと》
電話／0138-21-3456
（函館市教育委員会）
住所／北海道函館市五稜郭町44
交通／函館市電「五稜郭公園前電停」から徒歩15分
営業時間／5:00～19:00
（11～3月5:00～18:00）
駐車場／近隣公共駐車場利用

1階アトリウムには土方歳三のブロンズ像も!

タワーから五稜郭を眺め、魔除けパワーで邪気を祓いましょう

DATA

五稜郭《ごりょうかく》タワー
電話／0138-51-4785
住所／北海道函館市五稜郭町43-9
交通／函館市電「五稜郭公園前電停」から徒歩13分
営業時間／9:00～18:00
（展望台入場は17:50まで）
休み／なし
料金／1000円
駐車場／近隣公共駐車場利用

市電と徒歩で約30分

13:45

赤い頭巾のキツネが迎えてくれる大森稲荷神社

金運や商売繁盛はお稲荷様にお願いを。こちらは裏手に津軽海峡があり、ときどき波の音が聞こえてきます。社殿の両脇に赤い頭巾をかぶった眷属《けんぞく》（神の使い）のキツネが鎮座しているのが印象的です。これは「寒いでしょうから」とご近所の方がかぶせてくれたのだそう。

DATA map©

大森稲荷神社→P.58

徒歩と市電で約25分

14:30

カフェ クラシックで心休まる時間を

函館八幡宮の参道沿いにある古民家を改装したカフェ。居心地がよく、ここだけゆっくり時間が流れているようです。オーナー夫妻が東京から函館に移り住み2015年にオープン。口にして安心なものをコンセプトに厳選した食材で作ったものを提供してくれます。食事やお酒も楽しめます。

DATA　mapⒻ
カフェ クラシック
電話／なし
住所／北海道函館市谷地頭町25-20
交通／函館市電「谷地頭電停」から徒歩1分
営業時間／11:30～21:00LO
休み／火曜、最終水曜
CC／不可
駐車場／2台

自然有精卵や地元の牛乳で作った「クラシックプリン」500円

DATA　mapⒽ
函館護國神社
→P.57

徒歩で約8分

15:15

静かでありながら力強さを感じさせる函館八幡宮

函館の守護神ともいわれ、地元の人たちから崇敬されている函館八幡宮。木々に囲まれるように建つ威厳のあるたたずまいの社殿の前に立つと、函館山からのパワーも一緒に頂いている感じがして、背筋がピンと伸びます。

参拝帰りの人たちがなでて帰る「なでふくろう」

徒歩で約15分

16:15

よい出会いやご縁を求めて函館護國神社へ

港が見下ろせるロケーションにある護國神社。函館出身のバンド「GLAY」のメンバーがここを参拝した様子が雑誌に載り、しばらくはファンが殺到したこともあったそう。縁結びの御利益があるとして、女性やカップルに人気の神社です。

DATA　mapⒼ　**函館八幡宮**→P.54

DATA mapⒾ

函館山《はこだてやま》

電話／0138-23-5440
（函館市観光案内所）
交通／「山麓駅」から函館山ロープウェイで3分、「山頂駅」下車、またはJR「函館駅」から函館山登山バス函館山行きで30分、「函館山」下車　※函館山登山道は11月上旬～4月中旬通行止め。また、4月下旬～9月下旬17:00～22:00、10月上旬～11月上旬16:00～21:00は一般車両通行止め
営業時間／見学自由
駐車場／100台

夜景

徒歩とロープウェイで約11分

ハートの伝説

夜景のなかに「ハート」と「スキ」の文字がカタカナで隠されています。見つけて祈ると恋がかなうという伝説があります。

昼景

空と海のブルーと街並みの白が印象的

17:45 函館山からの美しい眺めでラブ運UPにとどめ♡

函館に来たなら、函館山はぜひ寄ってもらいたい絶景スポット。津軽海峡と函館湾に挟まれ、扇形に広がった函館の街を一望できます。特に夕暮れから夜へ移る時間帯が街を美しく輝かせます。街全体からパワーをもらっているような気分になります。「ハートの伝説」でラブ運UPもかなえましょう。

夕景

街の表情が少しずつ変化していく夕暮れどき

徒歩とロープウェイで約17分

19:15 ライトアップされたベイエリアを散策

港に面して並ぶ重厚な赤れんがの倉庫。日没から22:00頃まで毎日ライトアップされます。キラキラ輝く倉庫群をゆっくり歩きながら、今日1日の神社めぐりを思い返してみるのもいいかも。 mapⒿ

＼夜景を楽しむHOW TO／

★夜景を上手に撮影するなら100円ショップでも購入できるスマートフォン用三脚などを使って手ぶれを防ごう

★ベストシーズンはずばり冬！ 空気が澄んで街がクリアに見えます。街を彩るイルミネーションも同時に楽しめます

★函館山へはロープウエイor登山バスが便利でお得です（DATA参照）

日没時間の目安

1月	16:30
2月	17:00
3月	17:30
4月	18:10
5月	18:45
6月	19:10
7月	19:15
8月	18:45
9月	17:50
10月	17:05
11月	16:20
12月	16:10

徒歩で約2分

大正時代、米屋だったという趣ある建物

19:30 本場スペインの味が楽しめるラ・コンチャで夕食

ディナーは、地元の食材をふんだんに用いたスペイン料理！ 手間ひまかけて作られる料理は、オリーブとチーズ以外はすべて自家製なのだそう。何を頼むか迷ったら、まずは「ピンチョス9品盛り合わせ」2500円を。

道産白豚の自家製ハム1600円

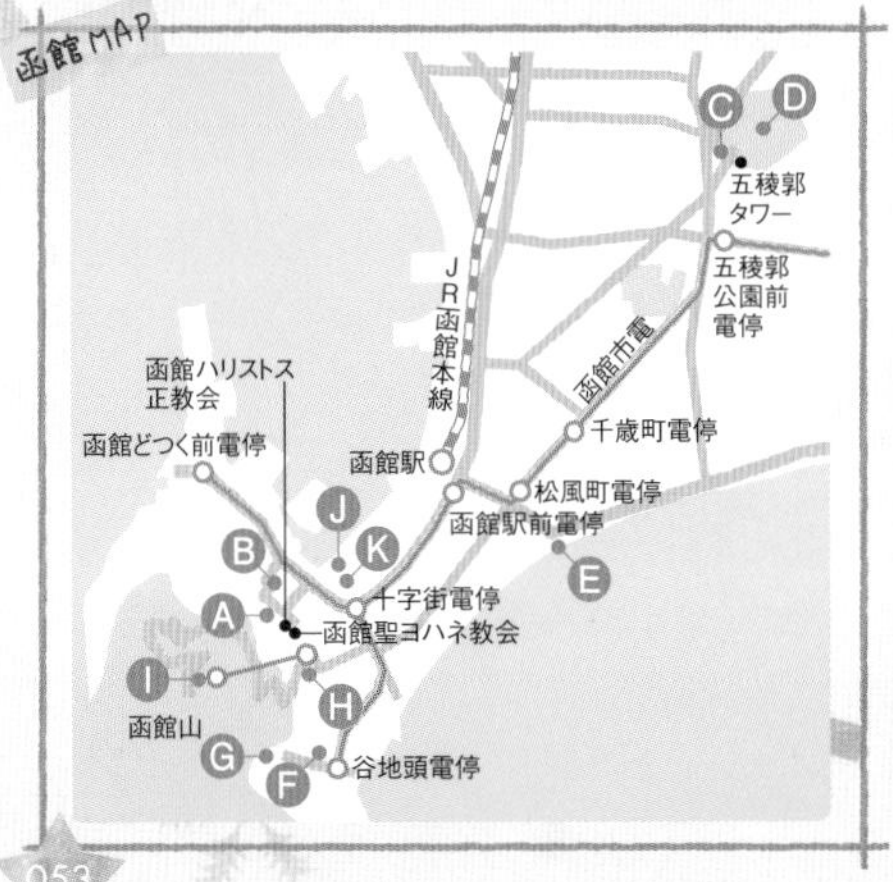

Dinner!

DATA mapⓀ

バル・レストラン ラ・コンチャ・イ・バスク

電話／0138-27-2181
住所／北海道函館市末広町14-6
交通／函館市電「十字街電停」から徒歩5分
営業時間／17:00～22:00LO
休み／月曜、第1火曜
CC／不可
駐車場／4台

総合運

堂々たる風格、函館総鎮守

函館山のうっそうとした木々に囲まれ、
津軽海峡を見下ろす威厳ある本殿。

主祭神
品陀和気命《ホンダワケノミコト》
住吉大神《スミヨシノオオカミ》　金刀比羅大神《コトヒラノオオカミ》

函《はこ》館《だて》八《はち》幡《まん》宮《ぐう》

津軽海峡を見下ろす函館山の麓に鎮座。明治13（1880）年に現在の場所に創建されるまで、元町エリアに祀られており、今も「八幡坂」という名称にその名残をとどめています。

大正7（1918）年に完成した聖帝八棟造りの本殿は、厳かでありながら優雅なたたずまい。函館山の深い森から感じられる神聖なる力と相まって、静かな力強さが感じられます。

御利益は、開拓に始まり、豊漁や航海の安全、文武上達、厄除け、安産と幅広く、まさに函館の守り神。地元の方たちには「八幡さん」と呼ばれ親しまれています。

指定文化財の神輿の見学も！

土・日曜は、函館市の指定文化財となっている神輿を拝観することもできます。偶数年に行われる神輿渡御では、大勢の市民が神輿を担ぐそう。

取材スタッフのこぼれ話

例大祭は毎年8月に行われ、神輿渡御のみ2年に1度行われます。
神輿を担いだ市民が函館の街を練り歩き、夕方には八幡宮へ戻ってきます。130段近い石段をかけのぼるクライマックスは圧巻だそう。

平成16（2004）年の台風により幹の3分の2が折れ、残った部分を切ろうとした際、小枝に季節外れの花が咲いているのを発見。切らずに手入れを施し、それ以来毎年美しい花を咲かせるようになり、「延命の桜」と名づけられました

パワースポットとして知られる勾玉の池は、希少なエゾヒキガエルが生息する池としても知られています

赤い社殿が美しい末社

函館市内の鶴岡町（現在の大手町）と若松町の中間に鎮座していたので、鶴若稲荷神社と呼ばれるように。戦後の道路拡張工事により、函館八幡宮へ遷座。五穀豊穣や商売繁盛などのご加護を頂けます。

勾玉の池のそばにある御神木。触れるだけでパワーを頂けそうです

鶴若稲荷神社の御朱印も頂けます！

御朱印

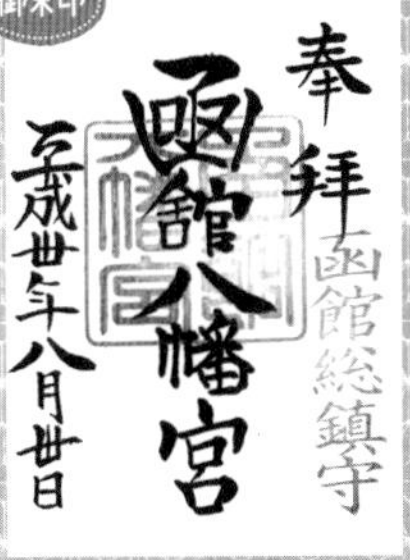

墨書／奉拝、函館八幡宮　印／函館総鎮守、函館八幡宮　●墨書の「八」の字が鳩のように見え、縁起がよさそうです

御朱印

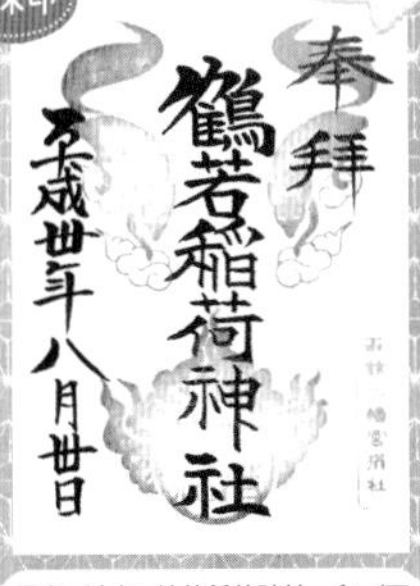

墨書／奉拝、鶴若稲荷神社　印／函館八幡宮摂社、キツネ、鶴若稲荷神社　●印象的なキツネの印は、お稲荷様を祀っている神社ならではです

お守り

厄除けにはこちら。「身代わり御守」（1000円）

「安産守」（1500円）。安産の御祈祷に訪れる妊婦さんも多いそう

お守り

「勾玉の池」にいるエゾヒキガエルをイメージした「福守」（800円）

DATA
函館八幡宮
創建／1445年
本殿様式／聖帝八棟造
住所／北海道函館市谷地頭町2-5
電話／0138-22-3636
交通／函館市電「谷地頭電停」から徒歩5分
参拝時間／自由
御朱印授与時間／9:00～17:00
URL なし

＼神社の方からのメッセージ／

子授け・安産の御利益があると地元の人々から信仰されている当社。神輿の持ち手に巻いたさらしを腹帯にすると元気な赤ちゃんが生まれるといった話がいつの頃からか広まり、欲しいという地元の方がときどきいらっしゃいます。

仕事運

人生の航海も順風満帆に！

北海道最古といわれる神社。
航海安全や大漁祈願の御利益があります

主祭神
塩土老翁神《シオツチノオジノカミ》
大綿津見神《オオワタツミノカミ》　須佐之男神《スサノオノカミ》

船《ふな》魂《だま》神《じん》社《じゃ》

地元では、「ふなだまさん」と呼ばれ親しまれています。「船魂」という名からもわかる通り、船の守護神として函館はもちろん、全国各地の海事関係、漁業関係者から祈願祭などの依頼がある神社です。

舵をデザインした御朱印帳やお守りは、「人生の舵を取る」という意味も込められており、次への一歩に迷ったとき、力がもらえそうです！

義経伝説が語り継がれる童子岩

義経が津軽海峡を渡る際、船魂明神がお守りくださったと伝えられています。さらにのどが渇いた義経の前に童子の神が現れ、湧き水の場所を教えたとも。

眼下には函館の海が。幕末に貿易港として発展していった巴港を見下ろすように鎮座しています

お守り

「舵守」。進路、交通、人生……進むべき道をお守りいただけますように

お守り

「UW旗守」。UW旗とは、「安全な航海を祈る」という意味の国際信号旗

取材スタッフのこぼれ話

例大祭は、毎年8月。神輿行列の渡御、松前神楽の奉奏が行われます。境内には、航海の際に使う色とりどりの国際信号旗が飾られにぎやかな雰囲気です。

御朱印

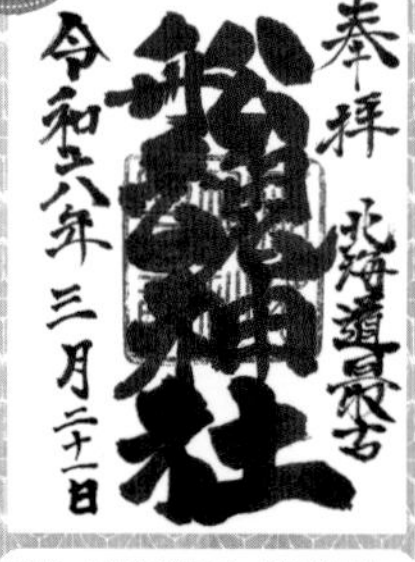

墨書／北海道最古、船魂神社
印／船魂神社
●筆に力強さを感じさせられます。境内には義経にまつわることが書かれた立て札もあります

御朱印帳はこちら！

船の守護神らしく、海の波と舵が施されています

DATA
船魂神社
創建／1135年
本殿様式／神明造
住所／北海道函館市元町7-2
電話／0138-23-2306
交通／函館市電「末広町電停」から徒歩8分
参拝時間／自由
御朱印授与時間／9:00～17:00
URL https://www.funadama.com/

神社の方からのメッセージ

平安時代に良忍上人（りょうにんしょうにん）がこの地に着き、「ここは神霊の宿るところである」と里の人々に伝え、海上安全を祈念して奉られたのが起源です。北海道最古の神社といわれています。

縁結び

縁結びとふくろうで幸せチャージ

若くして亡くなった兵士たちの想い……。
今を生きる若者が参拝することで御利益が！

主祭神
戦没者1万3000余柱の御霊

函《はこ》館《だて》護《ご》國《こく》神《じん》社《じゃ》

青年兵士が御祭神の神社。若き兵士の多くは独身であったことから、若い参拝者が増えれば、亡くなった兵士たちも慰められるのではないだろうかという神社の想いがクチコミなどで広まり、若いカップルが増え、次第に縁結びの神社として知られるようになりました。

また、参拝者の大半が必ず触れて帰るという「なでふくろう」も幸せになれると評判です。

平和な時代、苦労しませんように……

社務所の前にある、かわいらしいふくろうの像。前の宮司が、平和な日々が続き、人々が「不苦労」な日々を送れますようにと願いを込めて建立。

鳥居の向こうに函館の街並みと海が広がり、すがすがしい気持ちになります

御朱印

朱書／神威奉拝　墨書／函館護國神社　印／函館護國神社、なでふくろう、神紋、桜　●御朱印は通年書き置きで対応。オリジナル御朱印帳は2種類あります

お守り

和紙で作られた「ふくろう和紙御守」(700円)

手作業で作られるので一つひとつ異なる「ふくろう寄木御守」(1000円)

絵馬

スライド式になっていて、願いごとが隠せる「縁結び絵馬」(1000円)

DATA
函館護國神社
創建／1869年
本殿様式／護国神社様式
住所／北海道函館市青柳町9-23
電話／0138-23-0950
交通／函館市電「十字街電停」または「宝来町電停」から徒歩10分
参拝時間／自由
御朱印授与時間／9:00～16:30
URL http://hakodate-gokoku.jp/

取材スタッフのこぼれ話

函館出身「GLAY」のメンバーが参拝した際の様子が雑誌に載るやいなや、女性ファンが殺到。
函館で彼らのコンサートがあったときは、御朱印帳やお守りがなくなってしまうほどだったそうです。

神社の方からのメッセージ

函館の街を一望できるロケーションも評判です。境内に広がる美しい芝は、神社の奉仕員の方々がいつもキレイに手入れしてくださっているおかげです。観光客の方たちもキレイな神社ですねとおっしゃってくれます。

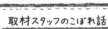

仕事運

函館の商いを見守り続ける

地元の経営者らが多く足を運ぶ、
函館を活気づけてきた商売繁盛の神様。

主祭神
宇迦之御魂神《ウカノミタマノカミ》

大《おお》森《もり》稲《いな》荷《り》神《じん》社《じゃ》

３度にわたる大火に見舞われ、記録などが焼失したため確かな創建年は不明ですが、おおよそ３５０年ほど前ではないかといわれています。

神社の裏には大森浜があり、ときどき波の音が聞こえてきます。

海を望むように建つ神社が多いなど、ここが海を背に街に向いているのは、大森遊郭などでにぎわう花街を見守るためといわれています。

赤い頭巾をかぶった狛キツネ

この赤い頭巾は、近所の人が寒そうだからとかぶせてくれたのが始まり。今も年に2度ほど、取り替えてくださっているそうです。地元の人々の愛が感じられます。

御朱印

墨書／奉拝、函館鎮座、大森稲荷神社　印／熨斗、大森稲荷神社之印　●古い熨斗の印は、何度も押しているうちにすり減ってしまったそうですが、逆に味があります

おみくじ

「きつねみくじ」(各500円)。口に宝珠をくわえているキツネと、巻物をくわえているキツネの2種類があります

お守り

五穀豊穣の稲荷大神の御神徳が込められた「一粒万倍守」(800円)

取材スタッフのこぼれ話

調理人たちの精神的なよりどころになるようにと、北海道全調理師会函館支部のかつての支部長のご遺志により、建てられた「庖丁塚」が境内にあります。

DATA
大森稲荷神社
創建／不明
本殿様式／流造
住所／北海道函館市大森町22-6
電話／0138-22-2637
交通／JR函館本線「函館駅」から徒歩10分
参拝時間／自由
御朱印授与時間／10:00～17:00
URL https://oomori-inari-jinja.info/

神社の方からのメッセージ

9月の例祭で「松前神楽」を奉奏します。神職が中心となって伝承している神楽で、350年以上の歴史があります。2018年に国の重要無形民俗文化財に指定されました。

第三章　御利益別！　今行きたい神社

Part 1　総合運

恋愛、健康、仕事、金運、ぜんぶ丸ごとお願いしたい。そんなあなたが参拝すべきは、こちらの神社です。

★総合運★絶対行きたいオススメ神社２選
新琴似神社（札幌市）／手稲神社（札幌市）

- 豊平神社（札幌）
- 長沼神社（道央）
- 岩見澤神社（道央）／樽前山神社（道央）
- 虻田神社（道央）
- 夕張神社（道央）／音更神社（道東・オホーツク）
- 北見神社（道東・オホーツク）／姥神大神宮（道南）
- 上ノ國八幡宮（道南）／山上大神宮（道南）
- 北海道護国神社（道北）
- 永山神社（道北）／刈田神社（道央）
- 士別神社（道北）／上富良野神社（道北）
- 増毛厳島神社（道北）

☆総合運☆ 絶対行きたいオススメ神社 2選

開拓者のパワーにあやかり夢の実現を！

幸せの基本である健康はもちろん、恋愛、仕事、金運の願いもかなえたい！
そんなたくさんの夢をかなえてくださる、ありがたい神社が「新琴似神社」と「手稲神社」。
どちらの神社も開拓者の魂が宿る強くて優しい神様が祀られています。

絶対行きたい
オススメ神社 1

札幌市

新琴似神社
【しんことにじんじゃ】

すべてがかなう開運神社におまかせ！

仕事の願いごとから、安産、受験の合格、健康運まであらゆる御利益を頂いて絶好調の人生を！

主祭神

天照皇大御神《アマテラススメオオミカミ》
豊受大神《トヨウケノオオカミ》
神武天皇《ジンムテンノウ》

新琴似に陸軍屯田兵が入植すると同時に、日本の最高神・天照大神《あまてらすおおみかみ》をはじめとする3柱の神様を祀り、開拓守護神として創建されました。今では、札幌市北部の鎮守様として道民たちの崇敬を集めています。

とにかく、御利益がスゴイと話題！　文教学問、商工殖産、武勇、安産成育守護……幸せになるための御利益がたっぷりで、毎日でも参拝したいほどです。特に「食」の神様、豊受大神《とようけのおおかみ》にあやかりたいと、出産間近の女性や子育て中のパパ、ママたちが「食」に困らないようにと、真剣にお参りする姿もいっぱい。

また、境内にあった屯田兵中隊本部は、かつて村の役場として重要な役割を担っていました。そのような歴史も、併設の資料館で学ぶことができます。

清涼な空気に
癒やされます

みんなのクチコミ!!

神社の授与品にはこけしの形の身代わりお守りや子供あんぜんお守り、通学お守りなど子供向けのお守りが充実しています（セイラ）

すがすがしい鎮守の杜

神社入口から3基の鳥居や狛犬を抜けて奥へ進むと、鎮守の杜が広がっています。こちらは市街地のなかにありながら、ハルニレやヤチダモなどの木がそびえる原生林が保存されており、歌碑や石碑も点在しています。

貴重な遺構を伝える郷土資料館

境内には九州士族146戸の入植により発足した新琴似屯田兵中隊本部として使用されていた建物がありました。昭和47（1972）年に復元され、現在は資料館となっており、札幌市有形文化財に指定されています。

貴重な資料で屯田兵の歴史がわかります

御朱印帳

白が基調のシンプルななかに女性的な華やかさが感じられる上品な印象の御朱印帳です（1500円）

白地に銀色の社紋が映えます！

お守り

開運招福レース御守（1500円）。札幌の花であるスズランをあしらったお守りです。「新琴似神社」が透けて見えるデザインになっています

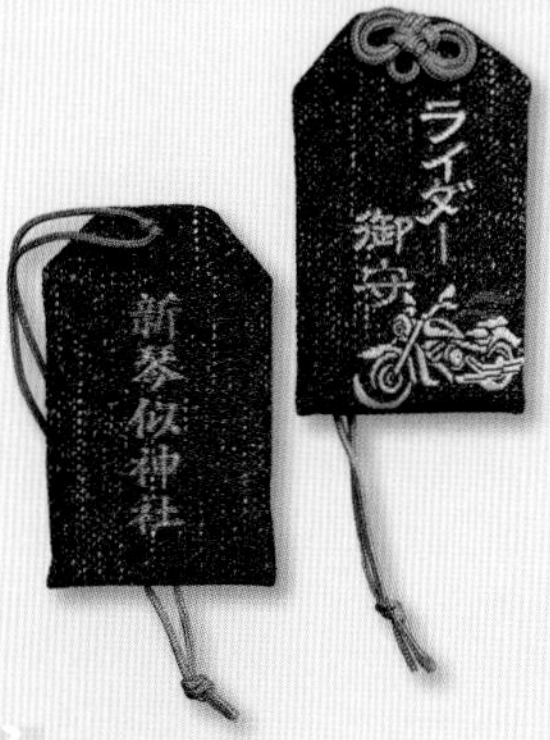

お守り

バイクの絵が描かれたライダー御守（800円）。バイクや自転車などの安全を祈るお守りです

墨書／奉拝、新琴似神社　印／神紋、春詣、新琴似神社、桜　●墨書にかからないことにこだわった社印は、独特の書体が印象的。参拝者からは、すっきりしていて見やすいと好評です

DATA

新琴似神社

創建／1887年
本殿様式／神明造
住所／北海道札幌市北区新琴似八条3-1-6
電話／011-761-0631
交通／JR学園都市線「新琴似駅」から徒歩5分、地下鉄南北線「麻生駅」から徒歩7分
参拝時間／自由
御朱印授与時間／9:00〜17:00
URL https://shinkotonijinja.or.jp/

＼神社の方からのメッセージ／

こちらの神社では、初詣をはじめ、節分祭や神輿渡御を行う5月の例祭、出店がたくさん並びにぎわう秋季大祭など、多くの恒例祭典を行っています。お気軽にご参拝ください。

本殿が建つ東隣あたりにかつて泉が湧いており、浄地であるこの土地に祠を建立したことが神社の始まりです。現在、泉は存在しませんが、散策して当時の様子に思いをはせてみてはいかがでしょうか。

絶対行きたい
オススメ神社 2

札幌市

手稲神社

【ていねじんじゃ】

暮らしにおけるすべての願いがかなう

7柱の神様が祀られており、さらに緑豊かな手稲山のパワーも頂けます。

札幌の西、手稲山の麓に位置する神社。もともと明治30（1897）年に、「軽川遥拝所」として始まりましたが、村の人たちの強い要望で、ほどなくして「手稲神社」となりました。北海道神宮からの御分霊である開拓三神が主祭神で、相殿神は食べ物を司る豊受姫大神、商売繁盛のお稲荷様、学業成就の菅原道真公、そして天照皇大神。あらゆる御利益を授かることができます。境内には、不思議な力を宿しているといわれる「願い石」や、人々のさらなる成長を祈念する「せのび石」など、祈願成就をあと押ししてくれる石が祀られています。また、昭和22（1947）年に手稲山の山頂に建立された「手稲神社奥宮」は、道内でいちばん高い所にあるお宮といわれています。

主祭神

大國魂神《オオクニタマノカミ》

大那牟遅神《オオナムチノカミ》　少彦名神《スクナヒコナノカミ》

天照皇大神《アマテラスメオオカミ》　豊受姫大神《トヨウケヒメノオオカミ》

倉稲魂神《ウガノミタマノカミ》　菅原道真公《スガワラミチザネコウ》

みんなのクチコミ!!

秋のお祭りのコンサートに登場する歌手が、岩崎宏美、柏原芳恵など毎年なかなか豪華です（n）

本殿の中にある、さまざまな願いを工面してくれるとされる九面《くめん》。右から喜面、怒面、哀面、楽面、視面、聴面、嗅面、味面、触面

**境内の奥宮遥拝所で拝めば
手稲山に登れなくても大丈夫**

1年を通じて、手稲山山頂の奥宮を遥拝（遠くから拝むこと）できるよう建てられた奥宮遥拝所。隣にある白い鳥居と祠は、ここにすんでいた2匹の白蛇に由来する藤白龍神社。ぜひ立ち寄りましょう。

手稲山の山頂に祀られている奥宮

境内にある「せのび石」。子供たちの健やかな成長を願うとともに、"せのび＝世のび"ということから、出世や受験合格にも御利益があるといわれています

お守り

社務所で「叶い石守」（1000円）を授かり、「叶い石」を取り出します。それを不思議な力を宿すという境内の「願い石」に重ねてお参りすると願いがかなうといわれています。奥宮にも「願い石」があります

絵馬

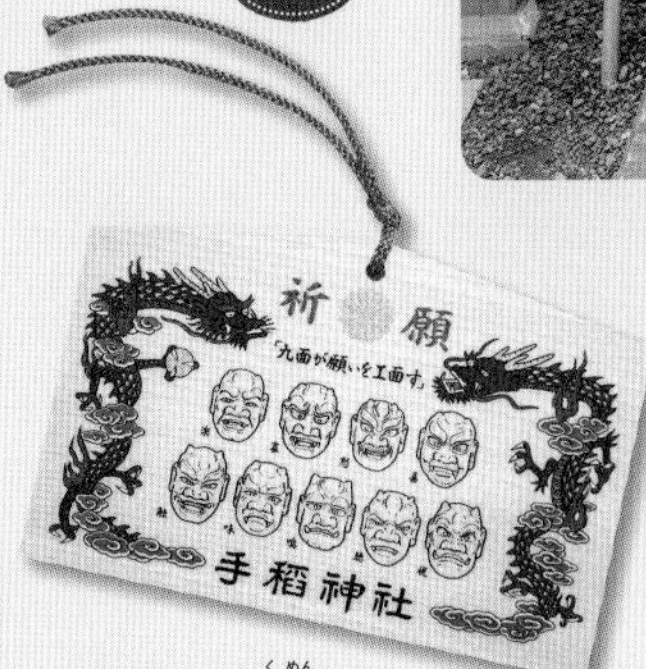

本殿の中にある九面《くめん》が、願いごとを工面してくれることにちなんだ「祈願絵馬」（700円）

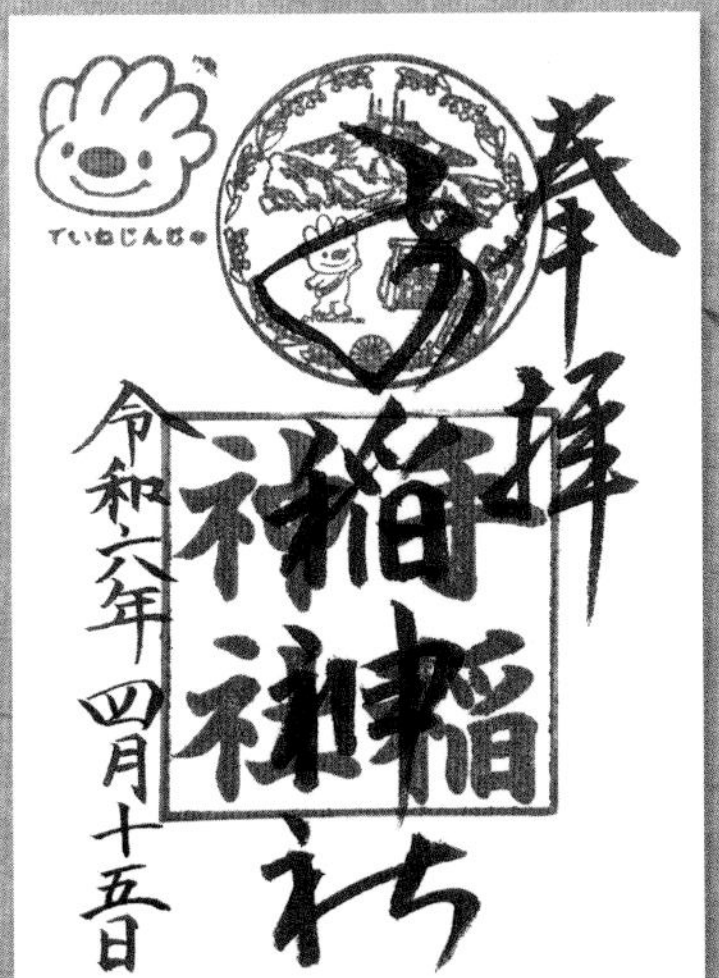

墨書／奉拝、手稲神社　印／神社印、手稲神社、ていぬ印　●「ていぬ」とは、手稲区の公式マスコットキャラクター。頭が手の形をした犬といわれています

お守り

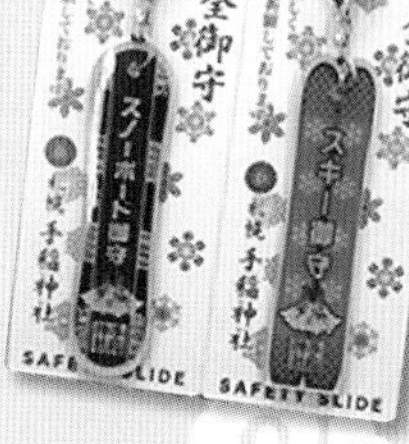

手稲山は、かつて冬季オリンピックの会場にもなったスキー場がある山としても有名。「スキー御守」「スノーボード御守」（各1000円）は、一流の選手も授かりにくるそうです

DATA
手稲神社
創建／1897年
本殿様式／神明造
住所／北海道札幌市手稲区手稲本町2条3-4-28
電話／011-681-2764
交通／JR函館本線「手稲駅」から徒歩2分
参拝時間／自由
御朱印授与時間／9:00～17:00
URL http://teinejinjya.com/

神社の方からのメッセージ

社務所の隣にある御神木は松。1月1日の歳旦祭（さいたんさい）では、御神木の松かさを用いた「福松さま」という置物を授与しています（1500円）。新年限定で100体のみ。縁起物として喜ばれています。

初詣の時期と敬老の日に行われる秋の例大祭は地元の人たちでいつもにぎわい、地域の人たちに親しまれているということがよくわかります。宮司や神職のアイデアが光るオリジナルの授与品も人気があります。宮司の山口さんのインタビュー（P.18）も必見。

札幌市

豊平神社

【とよひらじんじゃ】

開墾守護神のパワーをゲット！

樹齢230年の御神木ハルニレの木に願いを！
縫い物上達を祈願する針供養歌碑もあります。

豊平地区は、東北からの移住者が多かったため、東北地方で篤く崇敬された上毛野田道命《かみつけのたみちのみこと》を祀っています。さらに開墾時は、森林を伐採する際、日本の代表的な山の神・大山祇神《おおやまづみのかみ》を祀って治め、土地が開拓されるにつれ、稲の精霊ともいわれる「倉稲魂神《うかのみたまのみこと》（稲荷大神）」を合祀。今では豊平地区の氏神様として慕われています。訪れれば開拓の歴史やパワーを感じられるはず！

境内では骨董市も開催します

4～11月の間の毎月第4日曜に、北海道各地から骨董屋さんが集まる青空骨董市が開催されます。春は桜を愛でながら品定めが楽しめます。

主祭神

上毛野田道命《カミツケノタミチノミコト》　大山祇神《オオヤマヅミノカミ》

倉稲魂命《ウカノミタマノミコト》

みんなのクチコミ!!

縫製技術の上達を祈願するために設けられた針供養歌碑もあります。北海道の歌人・小田観蛍《おだかんけい》の作品が刻まれています（きょうこ）

お守り

「厄除開運身代りまもり」（500円）。顔の表情がかわいいお守りです

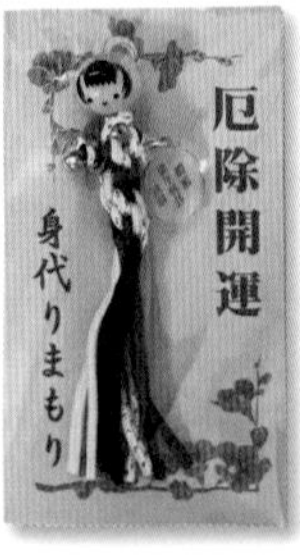

お守り

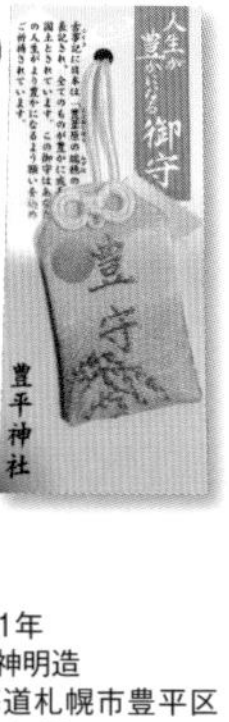

「豊守」（800円）。人生が豊かになるようご祈祷されたお守りも人気です

墨書／奉拝、豊平神社　印／札幌市鎮座、社紋、豊平神社、上毛野田道命 豊平神社　●珍しい見開きの御朱印には上毛野田道命の印が。延暦年間、征夷大将軍・坂上田村麻呂が奥羽地方平定に向かったときに、武神・田道命の神霊に祈り、これを平定できたことが、御祭神のいわれです

DATA
豊平神社
創建／1871年
本殿様式／神明造
住所／北海道札幌市豊平区豊平4条13-1-18
電話／011-811-1049
交通／地下鉄東豊線「豊平公園駅」から徒歩8分
参拝時間／自由
御朱印授与時間／9:00～17:00
URL なし

神社の方からのメッセージ

東北地方の守護神として篤く崇敬された、上毛野田道命を祀っている神社は北海道ではこちらだけです。神社は、札幌の国道36号線沿いに位置するのでわかりやすく、アクセスが良好なのでぜひお参りください。

豊平神社周辺には「豊平公園」があります。花壇や庭園が広がり、樹林区域ではいろいろな種類の野鳥を見ることも。季節ごとにさまざまなイベントも開催されているので、お参りとともに咲き誇る花や美しい風景を楽しんで！

神と自然のエネルギーをチャージ

境内には街の開拓に深く関わった馬に敬意を表し祀っている境内社・長沼相馬神社もあります。

長沼町

長沼神社【ながぬまじんじゃ】

自然豊かでのどかな街、長沼町。中心部には天然温泉を利用した融雪溝が完備され、冬場でもお出かけしやすいのが魅力です。この街を守る長沼神社の境内の広さはなんと4480坪。しかも約200メートルも続く参道脇の自然林はアオサギなどの野鳥の生息地。参拝後、自然林で癒やしのひとときを過ごせば強力なエネルギーをチャージできること間違いなし!

主祭神

大國魂神《オオクニタマノカミ》　大己貴神《オオナムチノカミ》
少彦名神《スクナヒコナノカミ》

御神木の横には長沼相馬神社

御神木の隣には長沼相馬神社も。神社の御祭神は、天之御中主神《あめのみなかぬしのかみ》という始まりの神様。合格祈願でお参りされる人も多いのだとか。

みんなのクチコミ!!

広い境内には、異なる時代に作られた灯籠が4基あります。時代によって形が違うのが興味深いところです(れきじょ)

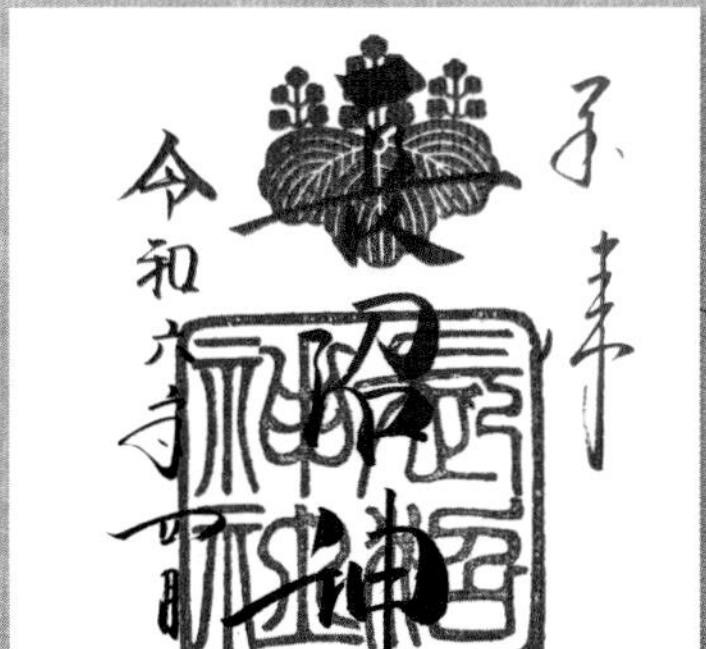

墨書/奉拝、長沼神社　印/神紋、長沼神社　●長沼神社の御神木は杉の巨木。北海道で杉の木は珍しいといわれています。境内にある長沼相馬神社は、"お馬さん"の供養として珍しい馬頭観世音石仏が祀られています

お守り

ほかにはない旅人のお守り

「旅人守《たびびとまもり》」(1000円)。交通安全や旅の安全を祈るお守りです

DATA
長沼神社
創建/1900年
本殿様式/神明造
住所/北海道長沼町宮下2-11-3
電話/0123-88-2504
交通/JR千歳線「北広島駅」から車で20分、JR室蘭本線「由仁駅」から車で16分
参拝時間/自由
御朱印授与時間/9:00~17:00
URL https://www.naganumajinja.or.jp

\ 神社の方からのメッセージ /

札幌からは車で約1時間、新千歳空港からは約30分、苫小牧からは約1時間と北海道の主要都市からのアクセスがとてもよい長沼町。休日は小旅行の人たちが多く訪れます。人気のカフェめぐりなどとともにお参りもぜひ。

観光スポットのひとつ「ゆにガーデン」へは車で約10分です。また、長沼産の野菜などおいしいものが購入できる「道の駅 マオイの丘公園」も近くにあります。おみやげを探すのに立ち寄ってみるのもおすすめです。

五穀豊穣を祝う秋祭はパワフル

岩見沢市

岩見澤神社

【いわみざわじんじゃ】

農業が盛んな空知地方にある岩見沢。入植した人たちが心のよりどころとして祠を建てたのが始まりです。人々の心が安定するとともに、開拓は進み、現在の街の基礎となりました。

豊作を祝う秋の例祭は200店近くの露店が並び大にぎわい。神輿渡御も迫力満点です。

墨書／奉拝、岩見澤神社　印／神社印、岩見澤神社　●上の印には北海道の鉄路が描かれています。岩見沢は旧国鉄時代、「鉄道のまち」と呼ばれたこともあるそうです

お守り

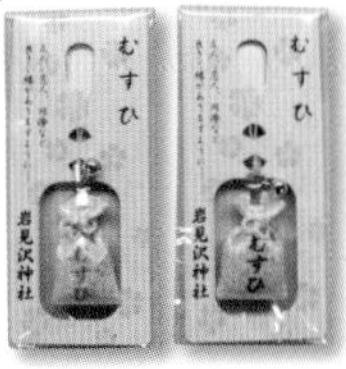

よいご縁を結びます

さまざまな人とのご縁がありますようにと願いを込めた「むすひ御守り」（800円）

主祭神

天照大神《アマテラスオオミカミ》　大己貴神《オオナムチノカミ》

DATA

岩見澤神社

創建／1886年

本殿様式／神明造

住所／北海道岩見沢市12条西1-3

電話／0126-22-0180

交通／JR函館本線「岩見沢駅」から岩見沢市内循環バス5分「市役所前」下車徒歩2分

参拝時間／自由

御朱印授与時間／8:30～17:00

URL なし

みんなのクチコミ!!

例祭は「いわみざわ秋まつり」として盛大に行われ、夜が更けるまで大にぎわいです（なか）

商工業と漁業の発展を支えた神社

苫小牧市

樽前山神社

【たるまえさんじんじゃ】

工業と漁業で知られる苫小牧の総鎮守。神社の名は、古くから地元の人たちにあがめられてきた霊峰・樽前山の山麓に祠を設けたのが始まりだからといわれています。道内でも屈指の大きさを誇る大鳥居と、珍しい造りの大規模な本殿は、ぜひ拝観しておきたいところです。

墨書／奉拝、苫小牧市総鎮守、樽前山神社　印／社紋、樽前山神社　●十六八重菊の中心に三つ巴が配置された珍しい社紋です

お守り

黒地と白地の錦袋に菊をあしらった浮線綾文様を織り込んだ「錦身体守」（1000円）

おみくじ

道内の6神社で展開中の「えぞみくじ」のうち、苫小牧の特産品・ホッキ貝をモチーフにした「貝運一念発起みくじ」（300円）

主祭神

大山津見神《オオヤマツミノカミ》　久々能智神《ククノチノカミ》

鹿屋野比売神《カヤノヒメノカミ》

DATA

樽前山神社

創建／1875年

本殿様式／入母屋流造

住所／北海道苫小牧市高丘6-49

電話／0144-36-6661

交通／JR室蘭本線「苫小牧駅」南口から市営バス20分「苫小牧工業高校」下車徒歩5分

参拝時間／自由

御朱印授与時間／9:00～17:00

URL http://www.tarumaesanjinja.com/

みんなのクチコミ!!

春の境内は八重桜やシダレ桜が満開でお花見にもオススメです（あき）

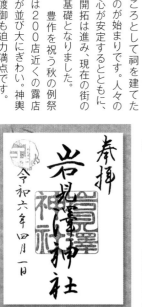

大地の力で開運をあと押し!

不思議な力と奇跡を呼ぶ、北海道の
エネルギールート上にある強力パワースポット。

洞爺湖町

虻田神社【あぶたじんじゃ】

主祭神
保食主神《ウケモチヌシノカミ》　事代主神《コトシロヌシノカミ》

北海道を代表する利尻富士、羊蹄山、駒ヶ岳の3つの山を結ぶライン上に建つ神社で、風水的にも力のある場所。道内屈指のパワースポットと称される洞爺湖、羊蹄山が背後にあり、晴れた日には正面の赤い鳥居越しに駒ヶ岳を見ることができます。昔から神の化身・白蛇が目撃されており、縁起がよいといわれています。

みんなのクチコミ!!

夏詣には、ホタテ貝の風鈴がつるされ、涼やかな音色に癒やされます(かこ)

願いをかなえる「龍の珠」

神社の裏山に「龍の珠」というモニュメントが。神社で「むすび石」に願いを書き、山道を約15分歩いて、卵にむすび石を供えます。

墨書/奉拝、虻田神社　印/虻田神社之印、お内裏様とお雛様、オオモノヌシノミコト、蛇　●京都の伏見稲荷大社から御分霊を頂き建立。ひな祭りのイラストが描かれた3月限定の御朱印です

御朱印帳

木製のオリジナル御朱印帳。赤い鳥居が印象的です。右下に白蛇が描かれています(1500円)

お守り

むすび石(300円)。紙に願いごとをひとつ書き奉納します。祈祷された石は唯一無二のお守りとして大切に持ちましょう

お守り

2012年の冬、鳥居についた雪がまるで白蛇のように見える不思議な現象が。それを機に、金運開運、商売繁盛、無病息災、大願成就をかなえる白蛇のお守りを授与。「叶守」(700円)

洞爺湖の守り神といわれる龍が洞爺湖を抱いているイメージの「龍玉守」(800円)

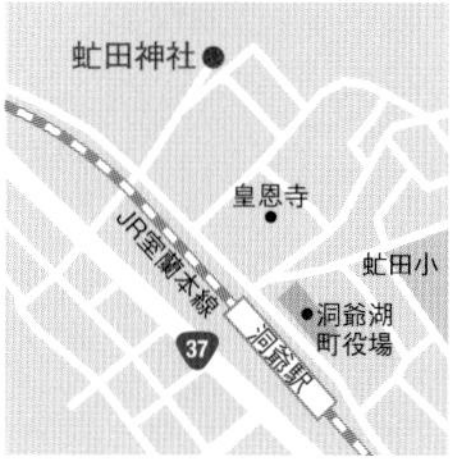

DATA
虻田神社
創建/1804年
本殿様式/神明造
住所/北海道洞爺湖町青葉町54
電話/0142-76-2088
交通/JR室蘭本線「洞爺駅」から徒歩8分
参拝時間/自由
御朱印授与時間/9:00~17:00
URL http://abutajinja.holy.jp/

\ 神社の方からのメッセージ /

昔から神社の裏にいたといわれる白蛇。白蛇は不思議な力をもち、奇跡を呼び、幸福を招くといわれております。さらに蛇が進化して神格化したのが龍で、その龍は洞爺湖の守り神とされています。

白蛇は弁財天の使いともいわれます。実際、弁財天のお告げがあったからと、虻田神社参拝のためだけに台湾から洞爺湖町へいらしたご夫婦も。強力なパワースポットといわれるだけあり、不思議な高揚感を感じる場所です。

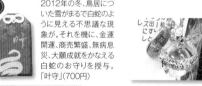

国家隆昌に貢献したお社で開運祈願

夕張市

夕張神社

【ゆうばりじんじゃ】

かつて炭鉱の街として栄えた夕張。その大動脈となった北海道炭鉱鉄道（株）の設立とともに、安泰を願い社殿を建てたのが始まりです。良質の石炭が取れる夕張は軍艦造船の要。それにより海軍元帥・東郷平八郎直筆の社号額が奉納されました。護国に感謝し、運気アップを願いましょう。

墨書／奉拝、夕張神社　印／夕張、夕張市総鎮守、神紋、夕張神社　●かつて軍艦の中には艦内神社がありました。軽巡洋艦「夕張」には、道内で唯一、夕張神社の分霊が奉斎され、神々のご加護を受けたことでも知られています

お守り

夕張の名産フルーツのメロンを模した絵馬600円。メロン農家の後継者不足解消の願いを込めて150体を制作

主祭神

大山津見神《オオヤマツミノカミ》　鹿屋野比売神《カヤヌヒメノカミ》

大国主神《オオクニヌシノカミ》

菅原道真公《スガワラミチザネコウ》

DATA

夕張神社

創建／1889年
本殿様式／神明造
住所／北海道夕張市住初6
電話／0123-52-2339
交通／JR石勝線「夕張駅」から夕張市内循環バス5分「花畑牧場前」下車徒歩5分
参拝時間／9:00～17:00
御朱印授与時間／9:00～17:00
URL https://www.city.yubari.lg.jp/kanko/miruasobutaiken/yubarijinjya.html

みんなのクチコミ!!

大山津見神と鹿屋野比売神は夫婦神なので、夫婦円満の御利益もあります！（結）

かわいい神様の使いが福を招く

音更町

音更神社

【おとふけじんじゃ】

原生林と昭和初期に植樹された木々が豊かな森を形成。樹齢500年を超える御神木もあり、音更神社の神様の使いであるエゾリスをはじめ、多くの野生動物がすんでいます。かわいらしいエゾリスをひと目見たいと全国から参拝者が訪れます。もし合えたら幸運になれそう！

墨書／音更神社　印／参拝記念、十勝國河東郡音更神社之印、エゾリスと北海道の印　●神社の神様の使いであるエゾリスのかわいい印も押してもらえます

お守り

紅葉御守（各1000円）。葉が1枚と2枚のタイプ（左）と紅葉が描かれた交通安全紅葉御守の3種類

お守り

「神使《しんし》御守」（1000円）。エゾリスのお守りで、自然写真家・矢部志朗さんのポストカード付き

主祭神

天照大神《アマテラスオオミカミ》

DATA

音更神社

創祀／1900年
本殿様式／神明造
住所／北海道音更町元町3-9
電話／0155-42-2170
交通／JR根室本線「帯広駅」から拓殖バス・十勝バス26分「音更大通11丁目」下車徒歩5分
参拝時間／自由
御朱印授与時間／9:00～17:00
URL https://otofukejinja.jp

みんなのクチコミ!!

3月3日のひな祭りには「お人形感謝祭」が行われます。多くの人形で境内が埋め尽くされます（けい）

たくましい開拓精神を引き寄せる

北見市

北見神社

【きたみじんじゃ】

北見市の開拓・発展の守護神として、総氏神様・天照大神《あまてらすおおみかみ》を鎮斎したのが始まりといわれています。開拓移民の心のよりどころとして建立され、極寒の地で艱難辛苦《かんなんしんく》を乗り越えた先人たちの祈りが込められたお宮です。伊勢神宮より農業神の豊宇気毘売神《とようけひめのかみ》が分霊されています。

墨書／奉拝、北見神社　印／神紋、北見神社印　●御朱印には、神紋である十五菊に花菱の印も押されており、重厚な雰囲気を醸し出しています。社務所には社殿がデザインされたオリジナルの御朱印帳もあります

お守り

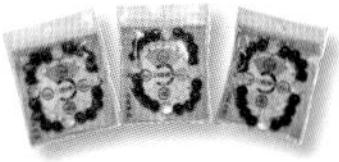

「四神腕輪御守」（各3000円）は方位を司る四神が刻まれた腕輪のお守りです

境内には、歌碑「諸人のこころひとつに新しき大宮つくり栄え行ふ」や昭憲皇太后生誕150周年の記念の石碑などが点在。石からパワーをもらえるかも

主祭神

天照大神《アマテラスオオミカミ》　豊宇気毘売神《トヨウケヒメノカミ》

住吉大神《スミヨシノオオカミ》

DATA

北見神社

創建／1897年

本殿様式／神明造

住所／北海道北見市北二条東6-11

電話／0157-23-4405

交通／JR石北本線「北見駅」から徒歩10分

参拝時間／自由

御朱印授与時間／9:00～16:00

URL http://www.kitajoho.com/kitamijinjya/

みんなのクチコミ!!

市名産の福タマネギを「福多招き」とかけてネーミングしたおみくじが人気です（ナナ）

ニシン漁の始祖に出世と繁栄を祈願

江差町

姥神大神宮

【うばがみだいじんぐう】

鎌倉時代、江差の住民に天変地異を知らせ、神のように敬われていた折居《おりゐ》という老婆の草庵が神社の始まりといわれています。境内には折居姥を祀る「折居社」があります。ニシン漁の始祖としても信仰を集めていたことから、子宝・金運アップ・商売繁盛の御利益があります。

お守り

「子宝御守」（1000円）。ニシンにあやかった一番人気のお守りです。さわやかな萌黄色で新しい命を授かれそう!

御朱印帳

御朱印帳（2300円）。布製で、表には社殿、裏には御朱印の印でもある瓶子が描かれたシックなデザインです。道南杉製のしおり付き

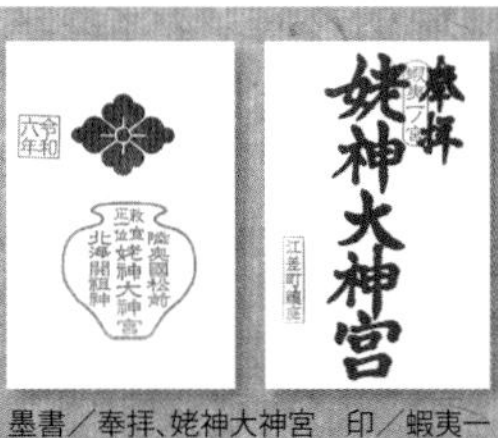

墨書／奉拝、姥神大神宮　印／蝦夷一ノ宮、江差町鎮座、陸奥國松前 姥神大神宮 北海開祖神　令和六年　●「蝦夷一ノ宮」とはいちばん格が高い神社のこと。社印は神社に伝わる瓶子（へいし）の形です

主祭神

天照皇大神《アマテラススメオオカミ》　住吉三柱大神《スミヨシノミハシラオオカミ》

春日大神《カスガノオオカミ》

DATA

姥神大神宮

創建／不明（現在地に1644年遷座）

本殿様式／流造

住所／北海道江差町姥神町99-1

電話／0139-52-1900

交通／JR函館本線「函館駅」から車1時間45分

参拝時間／自由

御朱印授与時間／9:00～16:00

URL http://www.hokkaido-esashi.jp/modules/sightseeing/content0009.html

みんなのクチコミ!!

こちらの神社は、交通安全のお守りの種類が豊富です（みちこ）

道内最古の社殿で開運祈願!

上ノ国町

上ノ國八幡宮

【かみのくにはちまんぐう】

室町時代後期の若狭(現在の福井県南部)の武将、武田信広が勝山館《かつやまだて》に館神として創建。道内に現存する神社建築では最古といわれ、北海道指定有形文化財にも指定。上ノ国町の伝説のひとつ、神職が祈祷でニシンを呼び寄せ大漁になる「大蔵鰊《おおくらにしん》」伝説のある若宮社を合祀しています。

木造建築の拝殿を見上げるとしめ縄のある部分、向拝《こうはい》に龍や鶴亀などの彫刻が施されています。元禄5(1692)年に建てられた貴重な建物です

墨書/奉拝　印/上ノ國八幡宮
●墨書と印のみのシンプルな御朱印がとても新鮮です。御朱印は、社務所が開いている時間、神職が在勤中であれば、授与していただくことができます

主祭神

ホンダワケノミコト　アマテラスオオミカミ
誉田別命　天照大御神

DATA
上ノ國八幡宮
創建/1473年
本殿様式/流造
住所/北海道上ノ国町上ノ国238
電話/0139-55-2065
交通/JR・道南いさりび鉄道「木古内駅」から函館バス1時間20分、「江差ターミナル」で乗り換え15分「上ノ国」下車徒歩1分
参拝時間/自由
御朱印授与時間/8:00~17:00
URL なし

みんなのクチコミ!!

境内の石灯籠は明治時代に建立されたもので、火袋の上に鳥、竿に昇り龍、下がり龍、台座に鶴亀の彫刻が施された珍しい形です(まなぶ)

幕末の志士ゆかりの神社を聖地巡礼

函館市

山上大神宮

【やまのうえだいじんぐう】

函館山の北麓にあり眺望は抜群です。明治元(1868)年から2年かけての箱館戦争では、榎本武揚《えのもとたけあき》が率いる旧幕府軍に加わった松平定敬《まつだいらさだあき》の御座所となりました。8代宮司は坂本龍馬と親戚関係にあり、新島襄《にいじまじょう》の米国密航の手助けをしたという逸話も。歴史好きにも大人気です。

「合格祈願絵馬」(700円)と「合格御守」(700円)。学問の神様・菅原道真公が祀られており、合格祈願の参拝者が多いそうです

主祭神

アマテラススメオオカミ　トヨウケノオオカミ
天照皇大神　豊受大神

墨書/奉拝、山上大神宮　印/花菱の神紋、山上大神宮印、函館幸坂鎮座
●神社は函館山にある幸坂に鎮座しています。明治7(1874)年に当時の地名・山ノ上町にちなみ、箱館神明宮から山上大神宮に改称されました

DATA
山上大神宮
創建/1655年
本殿様式/神明造
住所/北海道函館市船見町15-1
電話/0138-22-1819
交通/函館市電「函館どつく前電停」から徒歩15分
参拝時間/自由
御朱印授与時間/9:00~18:00
URL なし

みんなのクチコミ!!

旧ロシア領事館あたりから坂が急になり、上るのは大変ですが、境内や隣にある船見公園からは函館の湾口の風景がすばらしい(けい)

日本神話最強神を祀る境内社は必訪

境内の森林には大雪山系の原生植物が自生。写真家たちも訪れる人気のロケーションです。

旭川市

北海道護国神社
【ほっかいどうごこくじんじゃ】

戊辰から太平洋戦争にいたる英霊が祀られる北海道護国神社。お参りの際は、総流造で赤と青の丹碧《たんぺき》塗装が美しい社殿に注目を。境内には安全・災害防除の守護神を祀る「北鎮安全神社」もあり、護国神社の社務所で御朱印を頂けます。その主祭神は、日本神話最強の武神といわれる武甕槌大神《たけみかづちのおおかみ》と開運・成功の神、経津主大神《ふつぬしのおおかみ》です。

昭和10（1935）年築、帝冠様式の建造物
屋根に鬼、破風に懸魚が飾られている平成館（旧陸軍第七師団北鎮兵事記念館）。昭和初期の日本趣味意匠が印象的です。

主祭神
御英霊 6万3159柱

みんなのクチコミ!!
本殿の脇にあるニレの樹は樹齢400年といわれ、パワースポットとしても人気です（ゆい）

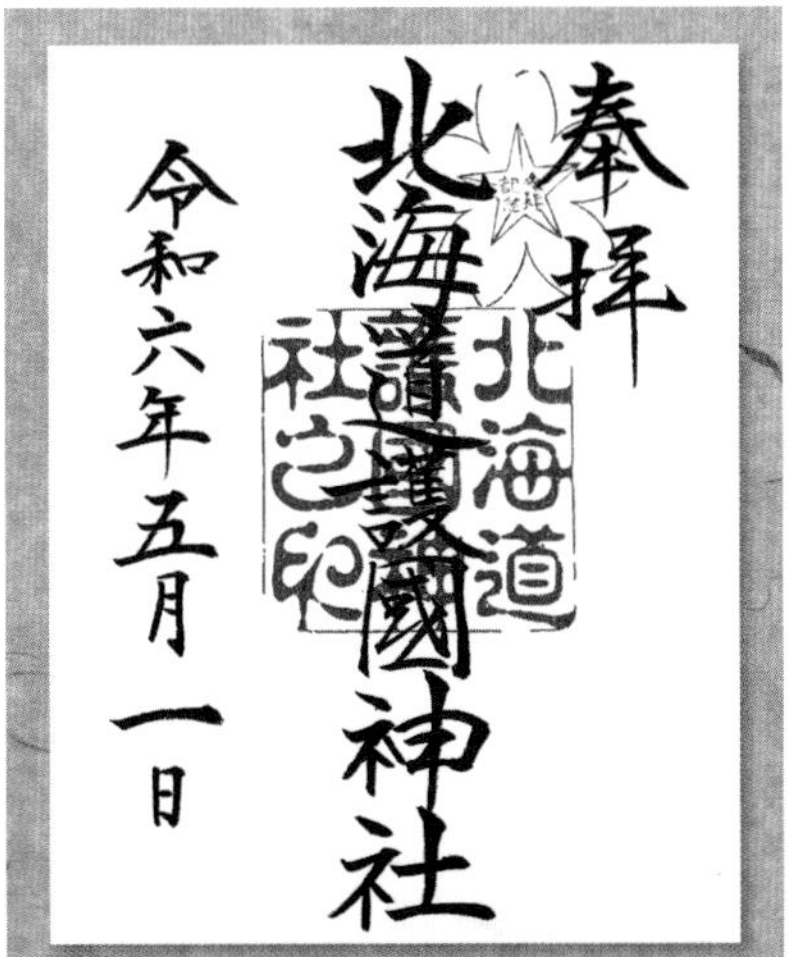

墨書／奉拝、北海道護国神社　印／神紋、北海道護國神社之印　●護国神社の御朱印をはじめ、境内にある交通安全を祈願する北鎮安全神社の御朱印も授与されます。北鎮安全神社には、商売繁盛や家内安全の御利益もあります

御朱印帳

オリジナルの御朱印帳は、表に御本殿が刺繍されたシックな装丁。護国神社と安全神社の御朱印が記入済みです（1500円）

おみくじ

飛翔しながら獲物を捕らえるチゴハヤブサの生態にあやかり奉納した「開運チゴハヤブサみくじ」（500円）。幸運をつかみとれますように！

DATA
北海道護国神社
創建／1902年
本殿様式／流造
住所／北海道旭川市花咲町1-2282-2
電話／0166-51-9191
交通／JR「旭川駅」から道北バスまたは旭川電気軌道バス10分「護国神社前」下車すぐ
参拝時間／自由
御朱印授与時間／9:00～17:00
URL http://www.hokkaido-gokoku.org/

神社の方からのメッセージ

約4千貫（15トン）の重さがある「御手洗石（みたらし）金剛」は、景勝地・神居古潭（かむいこたん）の河底深く発見されたもので、急流に幾千万年洗われた自然の造形です。境内にあるので、ぜひ見て、自然のパワーを感じてください。

境内の森林には大雪山系の原生植物が約140種余り自生しているほか、夏にはチゴハヤブサをはじめとする野鳥などバードウオッチングも楽しめます。ハスの花が咲く「樺太・北海道池」も見どころのひとつです。

旭川市

開運・勝利のエナジーを頂ける

永山神社【ながやまじんじゃ】

岡山県出身の屯田兵が、開拓時に心のよりどころにと祠を建てたのが始まり。開墾に尽力した軍人の永山武四郎が主祭神として祀られており、開運・勝利に御利益があります。縁結びの御利益がある大國主神《おおくにぬしのかみ》、国民の神様、天照大神《あまてらすおおみかみ》も主祭神。運気アップ間違いなし！

墨書／奉拝、上川最古、永山神社　印／永山神社、熊の印　●神社オリジナルの「クマの置物おみくじ」を思わせる熊の印がとても愛らしい印象。魚をくわえる熊の様子は北海道らしさを表しています。"上川最古"の墨書も印象的

おみくじ

神社オリジナルの「クマの置物おみくじ」（一体300円）

第一鳥居を過ぎた右方には神社名の由来である永山武四郎の銅像が。亡くなる直前に「我が躯は北海道に埋めよ。必ずやかの地をロシアから守らん」と言葉を残したそうです

主祭神

大國主神《オオクニヌシノカミ》　天照大神《アマテラスオオミカミ》

永山武四郎命《ナガヤマタケシロウノミコト》

DATA

永山神社

創建／1891年

本殿様式／神明造

住所／北海道旭川市永山四条18-2-13

電話／0166-48-1638

交通／JR宗谷本線「永山駅」から徒歩8分

参拝時間／自由

御朱印授与時間／9:00～17:00

URL https://www.hokkaidou-asahikawa-nagayamajinnja.com/

みんなのクチコミ!!

札幌出身の作家、太田紫織の小説『櫻子さんの足下には死体が埋まっている』の舞台です（かつこ）

登別市

歴史ある社で健康と出世を祈願

刈田神社【かったじんじゃ】

創祀は明らかではありませんが、平安時代末期で道内最古といわれています。当時、渡来していた眼病の和人がアイヌ人に教わって温泉で目を洗ったところ、眼病が快癒したそう。その和人が「これは妙見菩薩の加護ではないか」と感謝の意を込めて、祠を建てたと言い伝えられています。

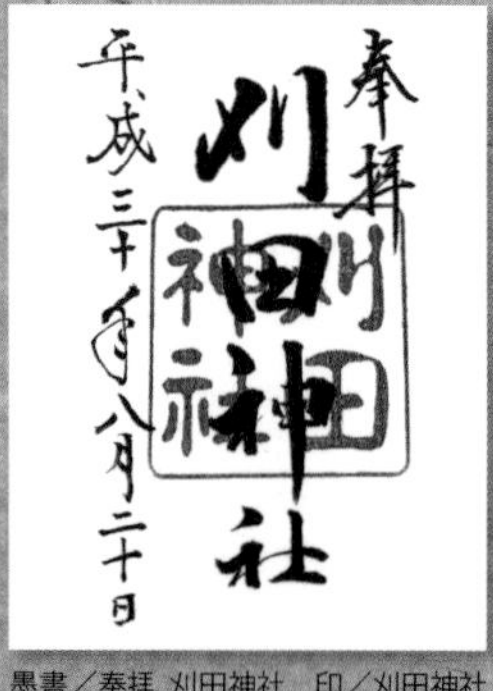

墨書／奉拝、刈田神社　印／刈田神社　●神職がデザインの季節のイラスト入り月替わり御朱印もあります。混雑時は直接書くのが難しいこともあり、別紙に奉製された御朱印の授与ということもあるそうです

参拝者に人気があるのが地元の企業・野口観光から奉納された重さ1トンの華やかな大神輿。9月の例大祭で威勢よく担がれます

主祭神

保食神《ウケモチノカミ》　大物主神《オオモノヌシノカミ》

日本武尊《ヤマトタケルノミコト》

DATA

刈田神社

創建／1100年代頃

本殿様式／神明造

住所／北海道登別市中央町6-24-1

電話／0143-85-2460

交通／JR室蘭本線「幌別駅」から徒歩10分

参拝時間／自由

御朱印授与時間／8:00～17:00

URL https://kattajinja.jimdo.com/

みんなのクチコミ!!

登別市でいちばん有名な神社。約3000坪の境内には自然が多く、癒やしの空間です（きらこ）

参拝&フットパスで気分も上がる

士別市

士別神社【しべつじんじゃ】

北海道開拓の守護神として創祀され、九十九《つくも》山《やま》に鎮座する農業畜産と商業の神様を祀る士別神社。北海道第二の広さを誇る境内敷地は、北海道環境緑地保護地区となっており、四季折々の自然景観を楽しみながらウオーキングできるフットパスコースが整備されています。

墨書／奉拝、士別神社　印／士別神社、北海道自然百選、社紋、士別市九十九山鎮座　●桜の名所としても有名な神社の紋は、桜をかたどったもので、境内のさまざまな箇所で桜の紋を見ることができます

境内には国際的な版画家・小池暢子氏の浮彫絵碑や聖徳太子を祀る聖徳神社、安産の神様を祀る士別山神社、日本武尊を祀る古峯龍尾神社などの境内社があります

主祭神

アマテラススメオオカミ
天照皇大神

ソウマノオオカミ
相馬大神(配祀)

DATA

士別神社

創建／1899年

本殿様式／神明造

住所／北海道士別市東8条北1九十九山

電話／0165-23-2243

交通／JR宗谷本線「士別駅」から車6分

参拝時間／自由

御朱印授与時間／8:00～17:00

URL http://shibetsu-jinja.jp/

みんなのクチコミ!!

桜と紅葉が美しいことでも有名。お参りとともにぜひ散策を(彩)

天空の神々の恵みから運気を吸収

上富良野町

上富良野神社【かみふらのじんじゃ】

3500坪の広大な境内林地に鎮座する神社。現在の地名は上富良野町宮町ですが、開拓当初は市街地や大空を一望できる丘陵地であったことから「雲雀岡《ひばりがおか》」と呼ばれていました。御朱印には、雲雀岡の押印があり、当時の地名から昔の様子をしのぶことができます。

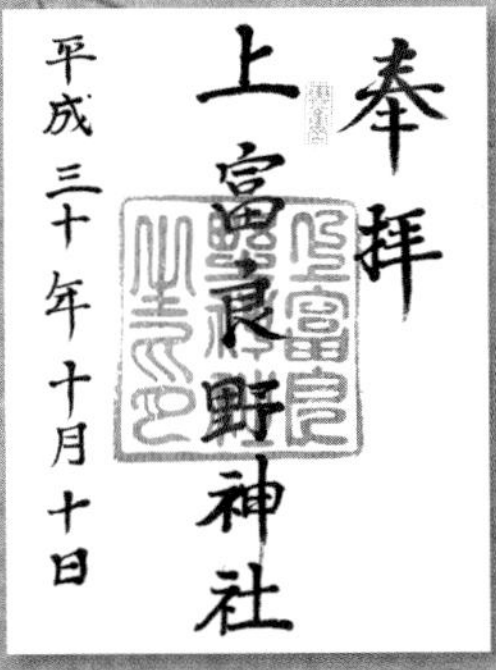

墨書／奉拝、上富良野神社　印／雲雀岡、上富良野神社之印　●社務所には書き置きの御朱印も置かれています。社務所に誰もいないときでも、御朱印を頂くことができます。日付は自分で書き込めます

お守り

ラベンダーの花の交通安全守護「御守」(800円)

例大祭の際にお祓いを行う26トンもの大岩は、小さな松が生えた縁起のよい岩。手を当てると「大地のエネルギーが頂ける」「疲れが消えていく」と評判です

主祭神

アマテラススメオオカミ
天照皇大神

DATA

上富良野神社

創建／1902年

本殿様式／神明造

住所／北海道上富良野町宮町1-4-26

電話／0167-45-2139

交通／JR富良野線「上富良野駅」から徒歩15分

参拝時間／自由

御朱印授与時間／9:00～18:00

URL なし

みんなのクチコミ!!

お守りの初穂料を納めるときに自身の名前を伝えると、初穂料とともに神前に上げていただけます(ふみ)

アートな社殿は厄除け効果も抜群

御利益がすごいだけじゃない！　神社には彫刻のほか、奉納絵馬などの見どころが満載です。

増毛町

増毛厳島神社

【ましけいつくしまじんじゃ】

江戸時代前期、能登国から蝦夷地に渡った商人、村山伝兵衛が弁財社を祀ったのが始まり。その後、安芸国から分霊を受けて、現在の「厳島神社」となりました。別名「彫刻神社」とも呼ばれるこちらの神社。総ケヤキ造の拝殿の美しさは圧巻です！

御祭神からは開運・厄除けのパワーが頂けます。ローマ字の印のある御朱印も印象的です。

壁や天井の見事な絵画が印象的

北海道有形文化財の奉納絵馬額7点や雲龍の天井画、花鳥風月の格天井、鳥居、灯籠、蝦夷錦の暖簾などが残されています。

主祭神

市杵島姫命《イチキシマヒメノミコト》　保食神《ウケモチノカミ》

神龍宇賀之靈神《シンリュウウガノミタマノカミ》

大己貴神《オオナムチノカミ》　少彦名神《スクナヒコナノカミ》

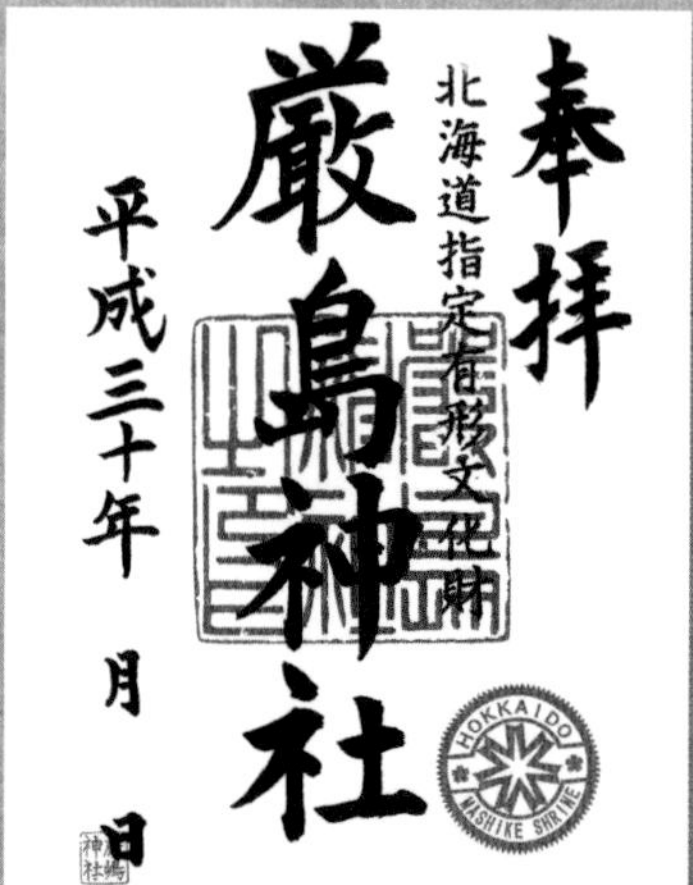

墨書／奉拝、厳島神社　印／嚴島神社之印、北海道指定有形文化財記念印、厳嶋神社　●2016年10・11月には期間限定「JR留萌本線終着駅増毛鎮座」の御朱印が授与されました。今は幻の御朱印となっています。ローマ字の印は参拝の記念に押印

お守り

カラフルなリンゴがかわいい！

「増毛リンゴ御守」（600円）は開運のお守り。緑、赤、黄の３色があり、リンゴのチャームがとってもキュートです！

みんなのクチコミ!!

福を招く縁起のよい“張子の鯛”の「一年安鯛みくじ」があります。鯛の張り子は縁起物。鯛にはおみくじが入っていますよ！（たいこ）

DATA

増毛厳島神社

創建／1751〜1764年頃
本殿様式／唐破風造
住所／北海道増毛町稲葉町3-38
電話／0164-53-2306
交通／JR留萌本線「留萌駅」から車20分
参拝時間／自由
御朱印授与時間／9:00〜16:00
URL なし

神社の方からのメッセージ

拝殿だけでなく境内の石碑「当静」（あたりしず）もぜひご覧ください。昔、漁網にかかった大きな石で、海や暮らしが穏やかになるよう祈願を込めて奉納された石碑です。拝殿内の見学は要予約。事前に社務所へ連絡をしてください。

色鮮やかなガラス絵の絵馬も要チェックです。これは、「源頼光図（みなもとのらいこうず）」といわれ、文久2（1862）年に奉納されたもの。縦91.5㎝、横122㎝の大きさで国内でも最大級のガラス絵です。

Part2

縁結び

恋愛成就はもちろん、夫婦円満、よい仕事や、友達とのすてきな出会いも祈願！ さまざまな良縁をGETしましょ♥

- ★縁結び★絶対行きたいオススメ神社 3選
  美瑛神社（道北）／星置神社（札幌）／帯廣神社（道東・オホーツク）
- 札幌護国神社・多賀神社（札幌）
- 彌彦神社（札幌）／出雲大社三神教會（道央）
- 中嶋神社（道央）
- 乃木神社（道南）
- 高穂神社（道南）
- 旭川神社（道北）
- 芽生神社（道北）
- 空知神社（道央）
- 比布神社（道北）
- 美幌神社（道東・オホーツク）
- 鳥取神社（道東・オホーツク）
- 北海道にはこんな神社もある！
  キャラ系神社1 勝源神社（札幌）

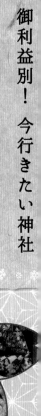

♥縁結び♥ 絶対行きたいオススメ神社 3選

恋愛から仕事の人間関係まで、参拝すれば大吉！

境内にある隠れハートを見つけると恋愛必勝とウワサの「美瑛神社」、
結び銀杏や「撫でかえる」が願いをかなえる「星置神社」、恋の願いをハート形の葉の木と絵馬に託せる「帯廣神社」。
すんなりいかない恋にヤキモキしている人も、友人や仕事の人間関係に悩むあなたも、
３社で祈願すればハッピーエンド間近ですよ！

絶対行きたい
オススメ神社 1

隠れハートが最上の恋をあと押し！

ベストオブ縁結び！　恋する女性に人気の神社。
北海道の3大パワースポットのひとつといわれます。

美瑛町

美瑛神社

【びえいじんじゃ】

こちらは道内外の女性たちが注目する有名な恋のパワースポット神社。そのウワサが全国に広まったのは、著名なスピリチュアルカウンセラーが自著で美瑛神社を恋愛運アップスポットとして取り上げてからです。

縁結びの神様といわれる大きな理由は、社殿や境内のあちこちにある「隠れハート」です。日本古来より伝わる「猪目《いのめ》」という四方ににらむイノシシの目の文様がハートに見えたことから、恋愛成就の神社として有名になりました。猪目には魔除けの御利益もあります。ほかにも境内には赤い鳥居など、運気をアップしてくれそうなスポットがいっぱいです。

主祭神

天照皇大神《アマテラスオオミカミ》
家都御子神《ケツミコノカミ》　伊邪奈岐神《イザナギノカミ》
大国主神《オオクニヌシノカミ》　伊邪奈美神《イザナミノカミ》

ほかにも交通安全などの御利益が……

みんなのクチコミ!!

参拝したら3ヵ月後にすばらしい方に出会えたという人のウワサを聞きました～(めい)

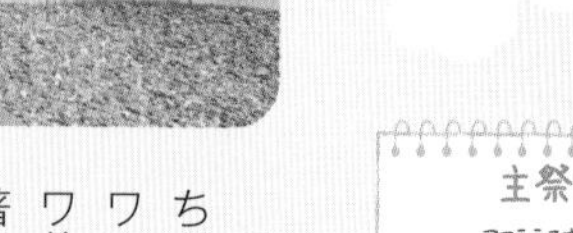

全国から人が訪れます。女性の参拝客も多いです

大人気の「隠れハート」はどこに？

拝殿の上のほうをよく見てみると、屋根のあたりにハートを見つけることができます。ほかにもハートマークに見える「猪目」がたくさん隠れているので、探してみましょう。

本殿の正面に位置する赤い鳥居

色鮮やかな鳥居は本殿と合わせて見るととても華やか。平成7（1995）年に美瑛町西町1丁目より移転したとのことで、まだ比較的新しい鳥居です。本殿とのコントラストを写真に収めては？

鳥居をくぐり抜けて進むと右手に手水舎があり、龍神様の口から水が出ています。参拝前に立ち寄って必ず身を清めましょう

御朱印帳

セットで頂きたい

「丘のまちの御朱印帳」（1500円）。美瑛らしい丘の風景が描かれたさわやかな表紙が印象的です

お守り

美瑛神社で人気のお守り「丘守り」（大1000円）。神社にある赤い鳥居と美瑛の丘がデザインされています。諸願成就・心身健康に御利益があり、華やかな色合いも人気の秘密

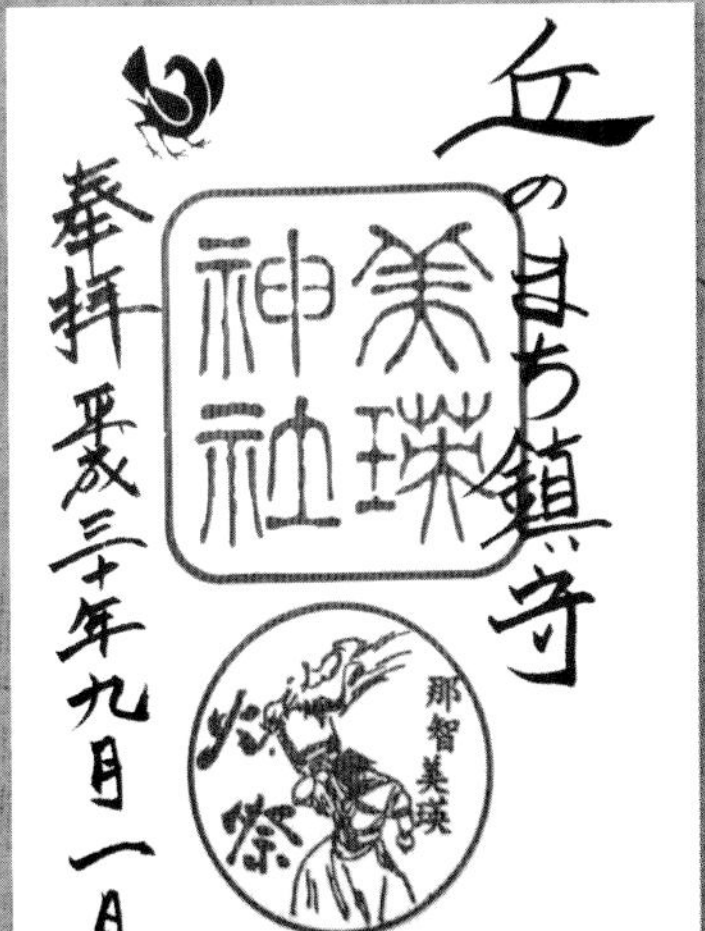

墨書／丘のまち鎮守、奉拝　印／ヤタガラスの印、美瑛神社、那智美瑛火祭　●印の「那智美瑛火祭」は例大祭神事。御朱印を書く人は数名いるため、どの御朱印を頂けるかはわかりません。一期一会の出会いとし、頂いた御朱印に感謝しましょう

DATA

美瑛神社

創建／1897年
本殿様式／切妻造
住所／北海道美瑛町東町4-1-1
電話／0166-92-1891
交通／JR富良野線「美瑛駅」から車5分
参拝時間／自由
御朱印授与時間／9:00～17:00
URL なし

神社の方からのメッセージ

7月1日～8月中旬の「夏詣（風鈴祭）」期間中は期間限定の御朱印を授与します。7月24日の「那智美瑛火祭」では、夜の街を練り歩く勇壮な若者たちが、高い炎を上げる40kgもの大松明12本を担ぐ場面が最大の見どころです。

御朱印にもあるように、美瑛町は丘の風景が有名ですが、十勝岳連峰の地下水が美瑛川に流れる「白ひげの滝」や青い水面とカラマツ林のコントラストが印象的な「青い池」など神秘的な観光名所もあります。美瑛神社と合わせてめぐってみては？

絶対行きたい
オススメ神社 2

勝利の「星」はここでつかめ！

御祭神は縁結びで有名な島根県の出雲大社と同じ。木製のカエルにアンチエイジング祈願も！

札幌市

星置神社【ほしおきじんじゃ】

星を置くというすてきな社名。御祭神は大己貴神《おおなむちのかみ》、出会いを求める女子に人気の島根県の出雲大社の御祭神と同じです。神社名の「星」は勝利の星、こちらで必勝・合格祈願をする人も多くいます。さらに境内各所に祀られた木彫りのカエルにも注目！「若かえる」「無事かえる」「栄える」など、さまざまな意味のあるカエルをなでて、御利益にあずかりましょう。

主祭神

天照皇大神《アマテラススメオオカミ》　豊受大神《トヨウケノオオカミ》

大己貴神《オオナムチノカミ》

ほかにも安産、金運、厄祓いなどの御利益が……

御利益いっぱいの「撫でかえる」

木製のカエル「撫でかえる」は、社殿前や鳥居の横にある弘法大師堂など境内各所にあります。なでるとさまざまな御利益を授かります。また手水舎にも口から水を出すカエルが。カエルを見つけながら境内を散策すると楽しさが倍増するでしょう。

みんなのクチコミ!!

「子宝の銀杏」「子授けの銀杏」と呼ばれている御神木。参拝する前に御神木に触れるとよいご縁、子宝に恵まれ、安産で元気に育つといわれています（けろっぴ）

墨書／奉拝、星置神社　印／社紋印（三つ巴に星）、星置神社、感謝之印　●御朱印に描かれている“星”は、勝利の星、大金星を勝ち取りますようにとの願いを込めて金色にしています

通年、境内各所でイルミネーションを点灯しています。夜の参拝もおすすめです

お守り

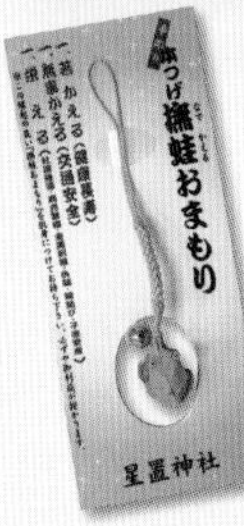

「本つげ撫蛙おまもり」（700円）。健康、交通安全など、さまざまな御利益があります

「勝星守」（700円）。心願成就や運気上昇などの御利益があります

DATA

星置神社

創建／1887年
本殿様式／神明造
住所／北海道札幌市手稲区星置南1-8-1
電話／011-685-6770
交通／JR函館本線「ほしみ駅」から徒歩10分
参拝時間／自由
御朱印授与時間／9:00～17:00
URL https://itp.ne.jp/info/019310036134761090/

神社の方からのメッセージ

御祭神の御利益はもとより、「撫でかえる」の御利益を頂くことで願いごとが成就します。境内でカエルを探してなでてみてください。御朱印やお守りなどをお求めの際は、事前に電話でご連絡ください。

「星置」の地名の由来のひとつに、星置地区から手稲山を見たところ、手稲山の上に輝く金星が置物のように見えたことからこの地名がついたという説があります。御朱印では金星にちなんで“星”の字を“金色”にしているそうです。

絶対行きたい
オススメ神社 3

帯広市

帯廣神社

【おびひろじんじゃ】

恋と健康祈願成就、来てみて納得！

北海道弁のおみくじは人気沸騰！ 帯広ならではの樹木のエネルギーをたっぷりと吸収して。

御祭神の大那牟遅神《おおなむちのかみ》は、島根県の出雲大社の大国主神《おおくにぬしのかみ》と同一神で縁結びには効き目抜群。もうひとつの御祭神・少彦名神《すくなひこなのかみ》は医薬と酒造の神様で多くの方が病気平癒を願って訪れます。北海道の環境緑地保護地区に指定されていて、エゾリスや多くの野鳥が飛来し豊かな生態系を保っています。エネルギーチャージにはぴったりの場所です。

主祭神

大國魂神《オオクニタマノカミ》　大那牟遅神《オオナムチノカミ》

少彦名神《スクナヒコナノカミ》

ハート形の葉に願いを込めて

境内にはハート形の葉がつく桂の木があり、この葉を模した「桂文」（絵馬）が恋の願いに効くと人気。桂文は毎年４月中旬から10月の期間限定で授与されています。

御朱印帳

北海道に生息するシマエナガをモチーフにしたかわいらしい御朱印帳（1500円）。シマエナガのお導きによって、神社参拝の旅が安全無事に続くよう祈って作られました

お守り

「幸福守」（800円）は幸福が訪れるように、福寿草の絵柄をあしらった黄色いお守りです

「大丈夫守」（800円）は何があっても大丈夫の真っ黒なお守り 。スタイリッシュな雰囲気です

おみくじ

道内15社で授与するえぞみくじシリーズは、各神社に縁がある名産品を張り子のおみくじとして奉製。帯廣神社は「魔鮭福鱒みくじ」を授与します

印／奉拝、帯廣神社　●印刷された台紙に朱印を押した、雪の妖精といわれる愛らしいシマエナガの型抜き御朱印です。ほかに、雪模様の御朱印も頂けます

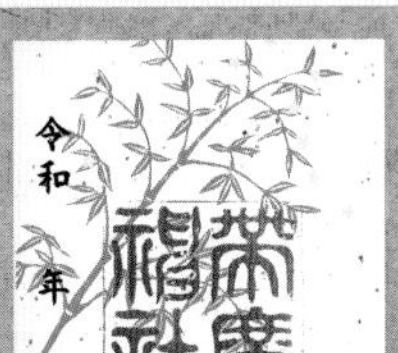

印／帯廣神社、夏詣、笹竹、星　●星、竹、夏詣の印は黄や緑、赤と色鮮やかでどれもすてきです

DATA

帯廣神社

創建／1910年
本殿様式／神明造
住所／北海道帯広市東3条南2-1
電話／0155-23-3955
交通／JR根室本線「帯広駅」から車6分
参拝時間／自由
御朱印授与時間／9:00～17:00（お守り授与所の対応時間）
URL http://www.obihirojinja.jp

神社の方からのメッセージ

境内には戦争で命を落とされた御英霊を祀る「十勝護國神社」が鎮座しております。帯廣神社が兼務している神社で常駐神職がおりませんが、帯廣神社の授与所で十勝護國神社の御朱印を浄書させていただいております。

人気の「魔鮭福鱒みくじ」は、内容が北海道弁で書かれていてご当地気分満載。さらにご当地食べ物やご当地スポットも紹介されているので、旅の参考にもなりそう。旅の始めにまず立ち寄って"釣って"みるのもいいかも！

境内社に立ち寄って恋愛運アップ

神気あふれる広い境内。境内社の祭神は夫婦神です。結婚式を希望するカップルが多数います。

札幌市

札幌護国神社・多賀神社

【さっぽろごこくじんじゃ・たがじんじゃ】

朱塗りの御神橋の下には、鴨々川《かもかもがわ》が清らかに流れ、広々とした境内に足を踏み入れると凛とした気持ちになります。大阪の護国神社を模したという社殿は荘厳で優美。その雰囲気にひかれ、近年は結婚式を挙げる方も多いそう。また、境内社の多賀神社は、延命長寿や縁結びの御利益がある御夫婦の神様が祭神です。

主祭神

御祭神数2万5551柱の御霊

【多賀神社の主祭神】

伊邪那岐大神《イザナギノオオカミ》　伊邪那美大神《イザナミノオオカミ》

ほかにも開運、交通安全、家内安全などの御利益が……

縁結びや長寿のお願いはこちらへ

建物の中に本殿がある形式の境内社の多賀神社。八百万の神々を誕生させ、命の親神様とも呼ばれる伊邪那岐大神と伊邪那美大神が祀られています。

お守り

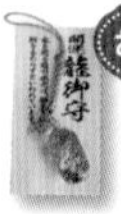

「開運龍御守」(800円)。神域に流れ込む鴨々川の龍の気が邪気を祓い幸運を引き寄せてくれます

御朱印帳

札幌護国神社の社殿と境内の桜のデザイン。桜には北海道の在来鳥シマエナガが止まっています(1800円)

彰徳苑は境内にある慰霊碑群が祀られている一帯。三笠宮崇仁親王殿下が命名しました

多賀神社内に、願いをきいてくれる石「菊石」があります。石に願いを書いて奉納します。隣には、「無事かえるの焼き物」と「ご縁の石」も

墨書／奉拝、札幌護国神社　印／社紋、札幌護國神社、朱塗りの御神橋、瑞鳥　●ほかに季節限定の切り絵御朱印やクリア御朱印など、さまざまな種類の御朱印が通年で頂けます。それぞれ初穂料がかかります

墨書／奉拝、札幌鎮座、多賀神社　印／社紋、多賀神社、季節のイラスト　●冬の札幌イルミネーション。デザインは季節に応じて不定期に変わります

DATA

札幌護国神社・多賀神社

創建／1879年
本殿様式／権現流造
住所／北海道札幌市中央区南15条西5-1
電話／011-511-5421
交通／地下鉄南北線「幌平橋駅」から徒歩5分
参拝時間／9:00～16:00
御朱印授与時間／9:00～16:00
URL https://sapporo-gokoku.jp

神社の方からのメッセージ

札幌護国神社は、西南の役に戦病没した屯田兵の霊を祀ったのが始まりで、その後も戦病没者や殉職した警察官などの霊を合祀しております。訪れた際は、ぜひ慰霊碑のある「彰徳苑」も参拝していただきたいです。

境内を静かにたゆたゆと流れる鴨々川は、まるで伊勢神宮の五十鈴川のようです。また、お守りの数が多く、多賀神社の縁結びのお守りのほか、悪い縁を切って良縁を招くという刀をあしらった「縁切り幸守り」などもあります。

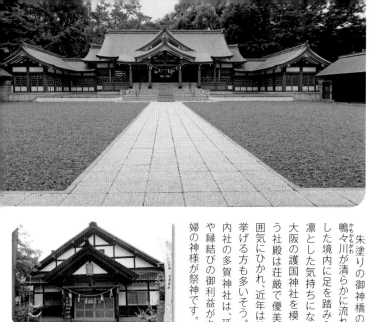

恋愛映画の聖地でもある縁結び神社

札幌市

彌彦神社【やひこじんじゃ】

縁結びの神社として有名で、安産、開運、諸産業の振興、発展などの御利益もあるとされています。恋愛映画『プリンシパル』のロケ地になったこともあり、女性ファンが聖地として参拝に訪れているそう。また、菅原道真公《すがわらみちざねこう》も祀られており、「札幌の天神様」と呼ばれています。

おみくじ

天然石入りの「三角みくじ」(300円)。中には恋愛運向上のローズクォーツも入ってます

お守り

恋も仕事も勉強もすべて上向きになる！「上昇守り」(各1000円)

墨書／奉拝、伊夜日子、彌彦神社　印／奉祝 天皇陛下御即位三十年、伊夜日子、彌彦神社　●元来社名は「彌彦」でしたが、万葉集で「いやひこ」と詠まれており、万葉仮名で「伊夜日子」と記すため、両方を墨書しています

DATA

彌彦神社

創建／1912年

本殿様式／流造

住所／北海道札幌市中央区中島公園1-8

電話／011-521-2565

交通／地下鉄南北線「幌平橋駅」から徒歩3分

参拝時間／自由

御朱印授与時間／9:00～17:00

URL https://www.iyahiko.or.jp/

主祭神

天香山命《アメノカグヤマノミコト》　菅原道真公《スガワラミチザネコウ》

ほかにも健康長寿、石油開発成功などの御利益が……

日本最強三神に祈りをささげて

恵庭市

出雲大社三神教會【いずもおおやしろさんしんきょうかい】

札幌から最も近い「縁結びの神社」といわれている三神教會。三神とは大国主大神《おおくにぬしのかみ》、事代主大神《ことしろぬしのかみ》、天照大御神《あまてらすおおみかみ》の御三神をお祀りしていることに由来しています。また神代に創建されたとの伝承をもつ出雲大社の教會で、御神徳は、縁結びをはじめ、病気平癒、商売繁盛などがあります。

お守り

「縁むすびの糸」(1200円)を衣服に縫い付けると良縁が授かるといわれています

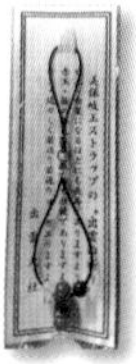

「美保岐玉ストラップ"出雲の祈り"」(2500円)。〈白玉〉は長寿、〈赤玉〉は健康、〈青玉〉は若さのよみがえりをかなえてくれます

墨書／奉拝、出雲大社、三神教会　朱書／葉月　●すべて手書きで月名のみ朱色で書かれているのが珍しいです。昭和43(1968)年に島根県の出雲大社御本社より御分霊を賜り50年以上、今では道内外から多くの参拝者が訪れています

DATA

出雲大社三神教會

創建／1968年

本殿様式／大社造

住所／北海道恵庭市北柏木町1-8-17

電話／0123-33-1293

交通／JR千歳線「恵み野駅」東口から車4分

参拝時間／10:00～18:00

御朱印授与時間／10:00～18:00

URL http://www.izumo-eniwa.sakura.ne.jp/

主祭神

大国主大神《オオクニヌシノカミ》

ほかにも商売繁盛、病気平癒などの御利益が……

みんなのクチコミ!!

授与されるお守りは、島根県の出雲大社で祈祷を受けたものだそうです(あいこ)

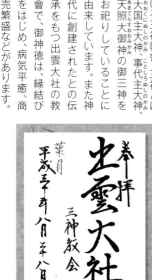

縁起よい神社はデートでも人気

室蘭市

中嶋神社

【なかしまじんじゃ】

中嶋神社がある場所は、その昔〝中島台〟と呼ばれ、縁起のよい場所として知られています。島台は、仙人が住む山をモチーフにした飾り台のこと。中嶋神社に隣接して、宴会や結婚式場に利用されている蓬峨殿《ほうらいでん》もあります。立地条件もよく各種御祈祷が多いようです。

朱書／参拝　墨書／中嶋神社　印／中嶋神社、中嶋神社社殿　●「参拝」は朱色で書かれ、華やかさが感じられます。明治30(1897)年に屯田中隊本部跡地の現在地(旧中島台)に遷座し、その際に中嶋神社と奉称しました

境内では文化財に指定されている輪西屯田兵旧火薬庫や記念碑、関係資料、黒田清隆揮毫の神額などを見ることができます

御朱印帳

御朱印帳(御朱印込1500円)。表紙には中嶋神社社殿が描かれています

主祭神

天照皇大神《アマテラススメオオカミ》

DATA
中嶋神社
創建／1890年
本殿様式／神明造
住所／北海道室蘭市宮の森町1-1-64
電話／0143-45-5800
交通／JR室蘭本線「東室蘭駅」から徒歩10分
参拝時間／自由
御朱印授与時間／8:30～16:30
URL なし

ほかにも必勝開運、病気平癒などの御利益が……

みんなのクチコミ!!

境内の末社には多くの神様が祀られています(ゆき)

北海道には こんな神社もある！ キャラ系神社1

宮司さんが常駐している神社ではないけれど、北海道にある巷でウワサの神社をご紹介します。

受験生やアスリートに人気！

【かつげんじんじゃ】

勝源神社

「雪印カツゲン」の発売50周年を記念して平成17(2005)年に設置された神社です。宮司による諸願成就祈願祭が年に1度行われます。“勝つ源になる”として、受験前には必勝合格の御利益を求めて多くの学生が訪れます。

DATA
施設名／雪印メグミルク酪農と乳の歴史館
電話／011-704-2329
住所／北海道札幌市東区苗穂町6-1-1
見学時間／9:00～11:00、13:00～15:30
（歴史館、勝源神社の見学は完全予約制）
休館日／土・日曜、祝日、年末年始

鳥居前には発売当初のカツゲンの瓶が祀られています

拝殿の鈴は大きなカウベル！

道産子のソウルドリンク“カツゲン”とは？

「ソフトカツゲン」はコンビニやスーパーで買える、道民定番の乳酸菌飲料です。

授与品

お守りにもなるカード。希望すれば無料で頂けます

絵馬

カツゲンが描かれた絵馬(無料)に必勝祈願をしましょう

函館市

乃木神社

【のぎじんじゃ】

乃木将軍夫婦の心が神となった神社

夫婦となるふたりが末永く寄り添っていけるように、願いが込められたお守りが大人気です。

日露戦争で活躍した明治時代の軍人で、明治天皇の崩御の際に夫婦で殉死した乃木希典将軍と静子夫人が祀られています。乃木将軍をお祀りしている神社は、日本各地に6社ありますが、そのひとつがこちらの神社。乃木将軍の功績や、ともに支えあった夫婦であったことから〝文武両道〟〝夫婦和合〟の神様として崇敬されています。

主祭神

乃木希典命《ノギマレスケノミコト》　乃木静子命《ノギシズコノミコト》

ほかにも学問などの御利益が……

御神木の大ケヤキをチェック！

境内にそびえる大ケヤキは、立派で見るだけでパワーを頂けそう。このケヤキの木は、函館市指定保存樹林に指定されています。

みんなのクチコミ!!

ペット同伴での参拝が可能。ペット用のかわいいお守りもあります（ののか）

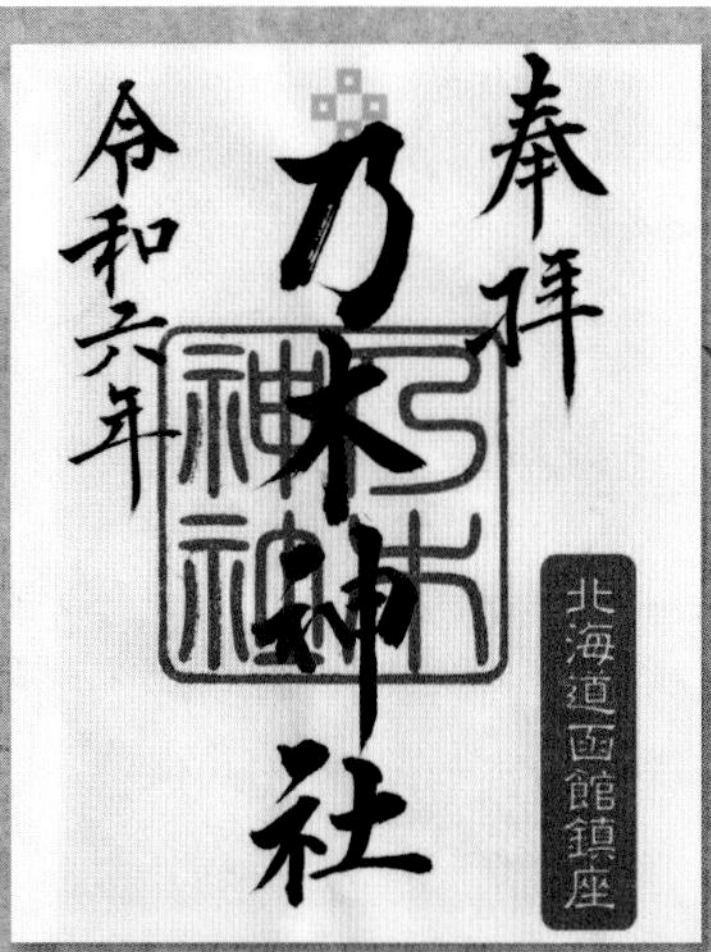

墨書／奉拝、乃木神社　印／社紋、北海道函館鎮座、乃木神社　●中央上に押された印は、乃木神社の社紋、「四角四ツ目結紋（しかくよつめけつもん）」です。東京都、栃木県、京都府、山口県、香川県にも乃木神社はありますが、各神社にそれぞれの御朱印があるそうです

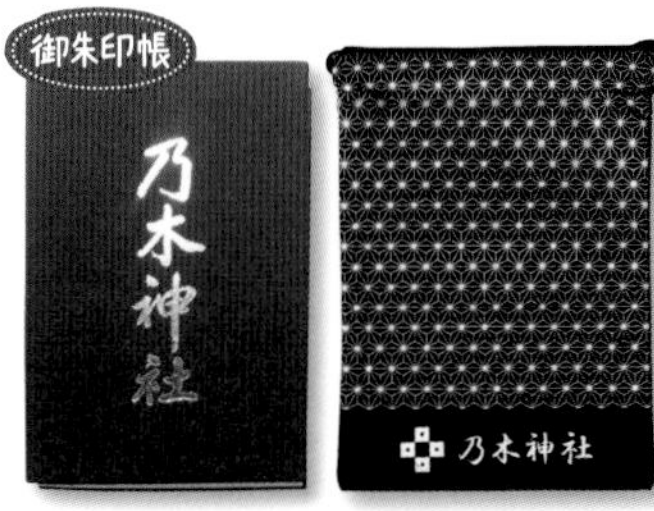

御朱印帳（巾着袋付1500円）。シンプルで凛とした印象の御朱印帳

人気のお守りは「つれそひ守」と「よりそひ守」（各1500円）。つれそひ守は、年月を積み重ねられた夫婦向け。よりそひ守は、これから夫婦となるふたりが末永く寄り添っていけるようにと願いを込めたお守りです

DATA

乃木神社

創建／1916年
本殿様式／木造神明造、屋根銅板葺
住所／北海道函館市乃木町5-25
電話／0138-51-4818
交通／函館市電「深堀町電停」から徒歩6分
参拝時間／自由
御朱印授与時間／9:00～17:00
URL https://hakodate-nogijinja.com/

神社の方からのメッセージ

乃木神社は、乃木将軍と静子夫人との深い深い夫婦愛から「夫婦和合」の神として、また学習院院長として昭和天皇のご養育にあたられたということから「文武両道」「学問」の神としても知られています。ぜひお参りください。

函館の乃木神社がある場所は、陸上自衛隊函館駐屯地の近くです。このほかにも神社の近くには「啄木小公園」や「土方・啄木浪漫館」など歴史を楽しめる観光スポットもあり、参拝と一緒に観光地めぐりもおすすめです。

龍神様のパワーを頂く

昔から縁結びや子供を守る聖地として人々に慕われてきた特別な場所です。

函館市

高穂神社【たかほじんじゃ】

鹿児島県のパワースポット・霧島神宮から御分霊されている神社。縁結びをはじめ、合格などの御利益があります。昔から水を司り神聖な場所を守る龍神がすむ地と伝えられており、霊水が湧き出ています。一時期、住宅の開発が進みましたが、龍神様のおかげか、神社のある場所は開発や解体を逃れたそうです。

主祭神
天照大御神《アマテラスオオミカミ》 稲蒼魂大神《ウカノミタマノオオカミ》
霧島大神《キリシマオオカミ》

ほかにも商売繁盛、安産、除災などの御利益が……

御神木と霊水でパワーをチャージ！
御神木は縁起がよいとされるイチイ（オンコの木）。その近くに湧く霊水で手を洗い身を清めます。霊水の横には境内社の太田神社が鎮座しています。

みんなのクチコミ!!

境内に湧く霊水で寒中の「水垢離《みずごり》」が行われることでも有名です（ジモティー）

お守り

「龍神の玉の御守り」（700円）。恋のオーラを強めてくれそうな淡いピンク色。鈴の音も軽やかです。願いをかなえるお守りとして女子に大人気

お守り

「クリスタル開運守」（700円）。キューブ状のクリスタルがきれいなお守りです

航海の安全などで信仰される太田神社の旧本殿

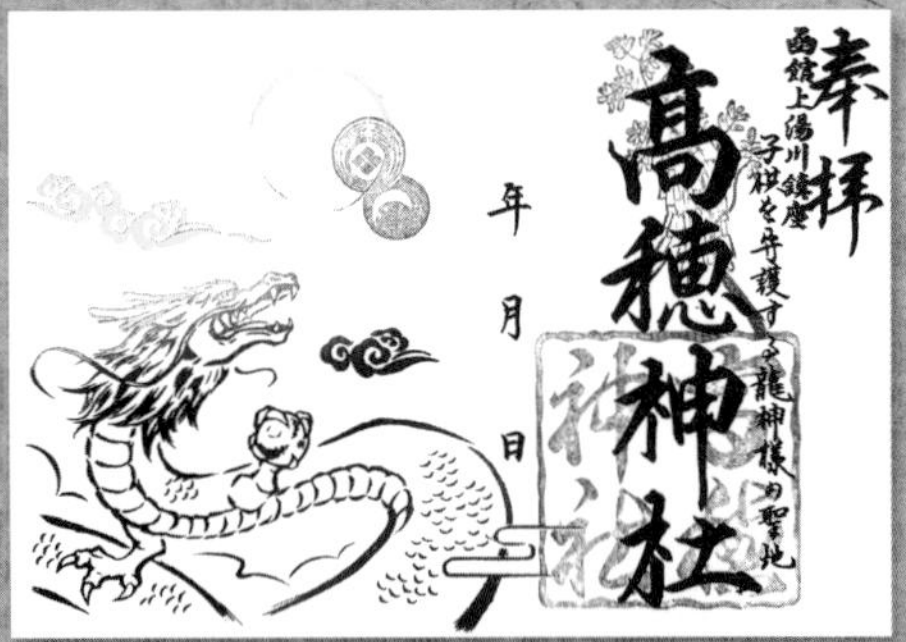

墨書／奉拝、函館上湯川鎮座、子供を守護する龍神様の聖地、髙穂神社　印／神紋、御神木、髙穂神社　●神社の守り神である龍神様を配した華やかな御朱印です。境内には、猿田彦神社や三柱神社などもあります

DATA
高穂神社
創建／1911年
本殿様式／入母屋造
住所／北海道函館市上湯川町2-1
電話／0138-59-0167
交通／函館市電「湯の川電停」から車10分
参拝時間／6:00～18:00
御朱印授与時間／9:00～17:00
URL なし

神社の方からのメッセージ

広い敷地は散策にもおすすめ。御神木は樹齢600年といわれています。また、古くから龍神様に守られた道南のパワースポットとしても知られている当神社。特に参拝者に人気の高い霊水もぜひお試しください。

霊水はおいしいと評判で汲みにくる人も多いようです。お水取りをするなら空のペットボトルを持参しましょう。神社は函館空港から近く、函館山や五稜郭タワー、金森赤レンガ倉庫、大沼国定公園、湯の川温泉と近隣には見どころがたくさんあります。

旭川市

旭川神社

【あさひかわじんじゃ】

女性の願いがまたたく間にかなう

日の神・天照皇大御神《あまてらすおおみかみ》と美の神・木花咲耶姫命《このはなさくやひめのみこと》の縁結び&美パワーで多くの女性に人気の神社。

屯田第三中隊長が、酷寒の地で辛苦を重ねている屯田兵やその家族たちの実情を懇々と述べて伊勢神宮へ懇願し、御分霊奉斎を特別に許されたという貴重な神社です。昨今は女性の願いをかなえてくれる神社として人気があります。美と縁結びの神、木花咲耶姫《このはなさくやひめの》命《みこと》が祀られており、特に懐妊・安産の御利益抜群と評判です。

屯田兵をはじめ一般開拓の資料を展示

一般開拓の資料を数多く展示している「旭川兵村記念館」（入館料500円）が隣接しています。旭川の歴史に触れることができます。

主祭神

天照皇大御神《アマテラスオオミカミ》　木花咲耶姫命《コノハナサクヤヒメノミコト》

ほかにも学業、子授け、安産などの御利益が……

みんなのクチコミ!!

本殿左にある御神木あたりは、特にいい気が満ちているそうです。ゆっくりと眺めてパワーをチャージしてきました（あさこ）

墨書／奉拝、旭川神社　印／北海道旭川市鎮座、旭川神社、上川百万石旭川屯田ゆかりのお宮　●拝殿には「おもかる石」があります。石を持ったとき軽いと感じれば「叶」、重いと感じると「不叶」といわれています。

お守り

「美守（うつくしまもり）」（800円）。ピンクの桜模様がかわいいお守り。美の女神に守ってもらえそう！

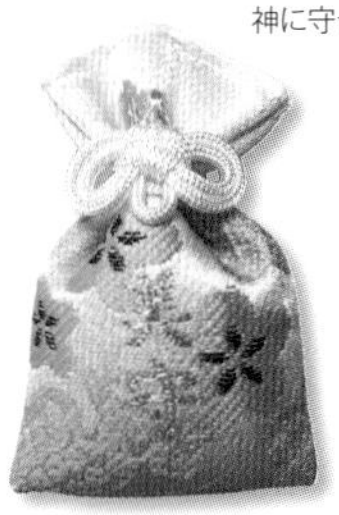

お守り

「開拓魂御守」（1000円）。屯田兵の開拓魂にあやかり、新たな事への挑戦や限界の壁を乗り越えたいときに身に着けたいお守りです。力強いパワーをもらえそう

DATA

旭川神社

創建／1893年
本殿様式／神明造
住所／北海道旭川市東旭川南1条6-8-14
電話／0166-36-1818
交通／JR石北本線「東旭川駅」から徒歩3分
参拝時間／自由
御朱印授与時間／8:00～18:00
URL http://www.asahikawajinja.or.jp/

神社の方からのメッセージ

日の神と美の女神の御神威（ごしんい）で女性らしさを引き出す神社です。縁結び・子宝運・恋愛運がアップすると女性に人気。境内には、おもかる石のほかにも、稲魂石（いなだませき）と白蛇石（はくじゃせき）、また吉凶を占う石があります。

旭川神社から1時間30分ほど車を走らせると、大雪山・旭岳など、自然のエネルギーが感じられる場所があります。境内の「旭川兵村記念館」は、「旭川市 旭山動物園」の入園半券があれば入館料が100円引きに！　歴史を学びながらパワーをチャージできます。

深川市

芽生神社

【めむじんじゃ】

恋が芽生えるお守りが大好評

何事においても芽生が肝心。「芽生」には、縁結びはもちろん、事の起こりという意味も含まれています。

芽生《めむ》はもともとアイヌ語で、芽生《めば》えとも読めることから、縁や恋が芽生える良縁結びの神社として有名です。昭和12（1937）年、本殿を永久保存するため屋根を銅板葺とし、風雪から守る上屋鞘掛《さやかけ》を新築しました。現在では社殿の外から本殿を見ることのできない造りとなっており、昭和46（1971）年に深川市有形文化財に指定されています。

主祭神

家都御子大神《ケツミコノオオカミ》　大国主大神《オオクニヌシノオオカミ》

金刀比羅大神《コトヒラノオオカミ》

ほかにも開運、商売繁盛などの御利益が……

芽生神社境内は2223坪の広さ

境内の敷地は鎮守の杜として長い間見守られてきました。原始以来の古木や植樹された木が多く、さらに記念碑、記念物など見どころもたくさん。

みんなのクチコミ!!

縁結びで人気の神社ですが、開運、金運、商売繁盛などの御利益がある「錦守り朱色」というお守りも人気です（なな）

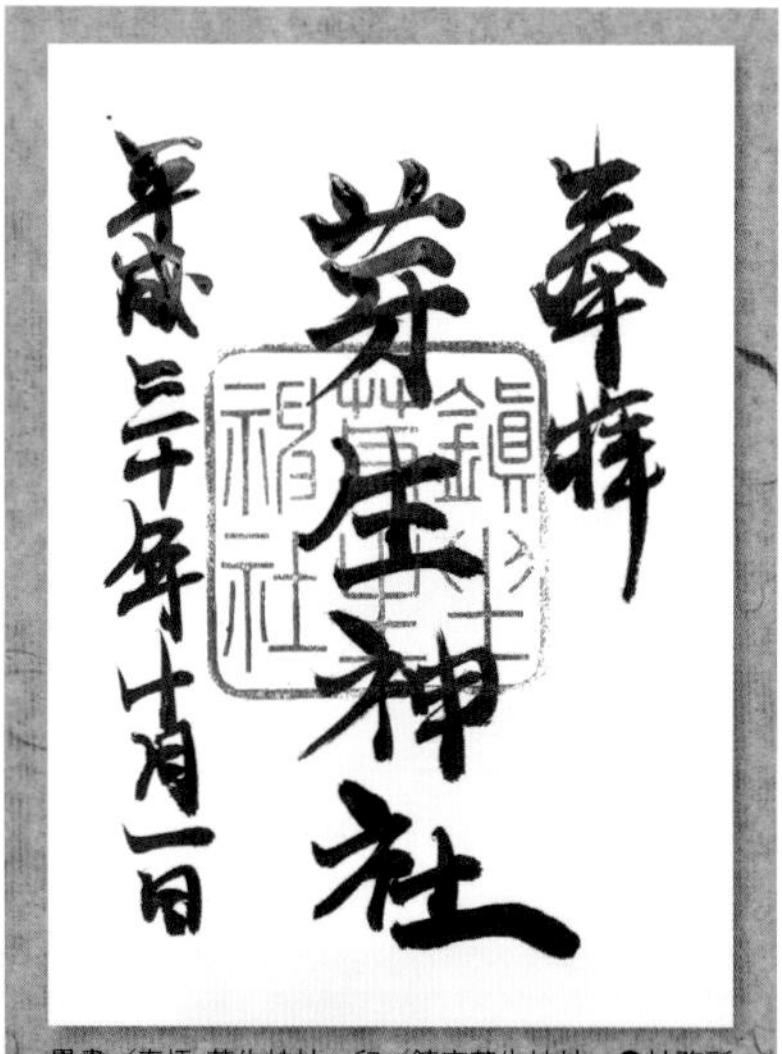

墨書／奉拝、芽生神社　印／鎮座芽生神社　●社務所に宮司が不在の場合は、車で約6分の深川神社で御朱印・お守りが頂けます

お守り

「えんむすび守り」（500円）。女性に人気ナンバー1のお守り。さまざまな縁をかなえてくれるお守りは、相手がいる人はふたりでひとつずつ持つとよいとか

昭和12（1937）年に増築された本殿を守る上屋鞘掛

DATA

芽生神社

創建／1894年

本殿様式／神明造

住所／北海道深川市深川町メム 6号線本通67

電話／090-1303-6822

交通／JR函館本線「深川駅」から車10分

参拝時間／自由

URL http://memujinja.jp/

神社の方からのメッセージ

ご参拝される方々のなかには、縁結び祈願のご祈祷を受けられる方もおられ、後日「願いがかないました」とのお手紙などを頂いております。えんむすびのお守りもあります。芽生える神社へぜひご参拝ください。

御神木は、樹齢数百年と推測される銀杏の木。境内の中心にあり、周辺は不思議な霊気が感じられるパワースポットといわれています。御神木の前には、農業の神様として人々から篤い信仰を集める地神宮（じじんぐう）が祀られています。

縁結びの御神木に切なる願いを

境内にある縁結びのカエデとナナカマドが有名。アジサイの季節には多くの人が訪れます。

美唄市

空知神社

【そらちじんじゃ】

こちらには縁結びの御神木、カエデがあります。この木の間から赤い実をつけるナナカマドの枝が成長したという神秘的な話があり、「違う環境で違ったふたりが出会い結ばれる」と、神社には恋愛成就のパワーが。実際、参拝者からゴールインの報告も多いそうです！　境内には稲荷神社もあり2種類の御朱印が頂けます。

御朱印に印として押されている鳥居

入口にある鳥居は、いつまでも輝きを失わない珍しい銅板。特に境内社の稲荷神社にある鳥居は建屋に映えます。

主祭神

天照大御神《アマテラスオオミカミ》　大己貴神《オオナムチノカミ》

少彦名神《スクナヒコナノカミ》　大山祇神《オオヤマツミノカミ》

埴安姫神《ハニヤスヒメノカミ》

ほかにも商売繁盛などの御利益が……

みんなのクチコミ!!

空知神社では「天然石の腕輪守り」作り体験ができます。自分で作ったお守りは神社の宮司に本格的な祈祷までしてもらえます（はな）

墨書×奉拝、空知神社　印／空知神社、社紋、美しき唄のまち　●シンプルで美麗と好評の御朱印。御朱印を頂く際は雨風の心配がない暖かい屋内型の授与所で、腰を掛けて待つことができます

墨書／奉拝、空知稲荷神社　印／空知稲荷神社、アジサイ　●空知神社の境内社の御朱印です

お守り

「合格守」（800円）。縁結びで有名な神社ですが、合格祈願など、さまざまな祈願がかなうと評判です

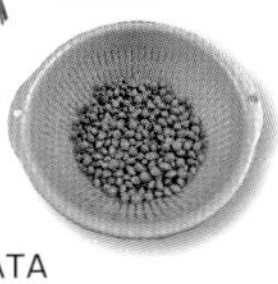

空知神社の境内には何本かの銀杏の木がありますが、1本だけギンナンの実を付けるものがあります。「合格守」にはその実が入っており、実を結ぶといわれています

DATA

空知神社

創建／1894年
本殿様式／神明造
住所／北海道美唄市西2条南1-1-1
電話／0126-63-2448
交通／JR函館本線「美唄駅」から徒歩7分
参拝時間／自由
御朱印授与時間／9:00～16:00
URL https://www.facebook.com/soratijinjya/

神社の方からのメッセージ

屋内型の授与所は例祭などの繁忙時以外は、参拝者とのコミュニケーションの場となっています。縁結びの「結びの守」を受けていただいた参拝者からは、思いが成就したなどのエピソードをうかがうこともあります。

神社の境内にある千鳥桜庭園には、5弁の花びらが重なって咲く、大変珍しい種類の「十弁桜」があります。庭園を造園する際に偶然発見されたそうです。こちらも縁結びの御神木とされていますので、春にはぜひ訪れて見てみましょう。

夫婦危機もここに来れば問題ナシ

人間関係や仕事関係などの縁を結んでくれる石の力を信じて、良縁をお願いしましょう。

比布町

比布神社

【ぴっぷじんじゃ】

主祭神

天照皇大神《アマテラススメオオカミ》　素戔嗚尊《スサノオノミコト》

ほかにも家内安全、郷土の繁栄などの御利益が……

社名の「比布」とは、この地域がアイヌ語でピプ、ペパなどと呼ばれていたことに由来します。この名前のため過去にはピップエレキバンのCMに使用されました。また夫婦円満の御利益がある大雪夫婦道祖神《たいせつめおとどうそじん》を祀っているのはここだけ。このほか境内にはさまざまなパワーストーンが点在していますので、見て触れてパワーを頂きましょう。

人気のパワーストーン「むすびの石」

比布神社といえば、「むすびの石」。このほか境内には橙色の岩もあり、こちらもパワーが強いといわれています。白い鳥居の前の石なども見逃さずに。

みんなのクチコミ!!

比布という地名はアイヌ語で「石の多いところ」という意味とのことです（カナメ）

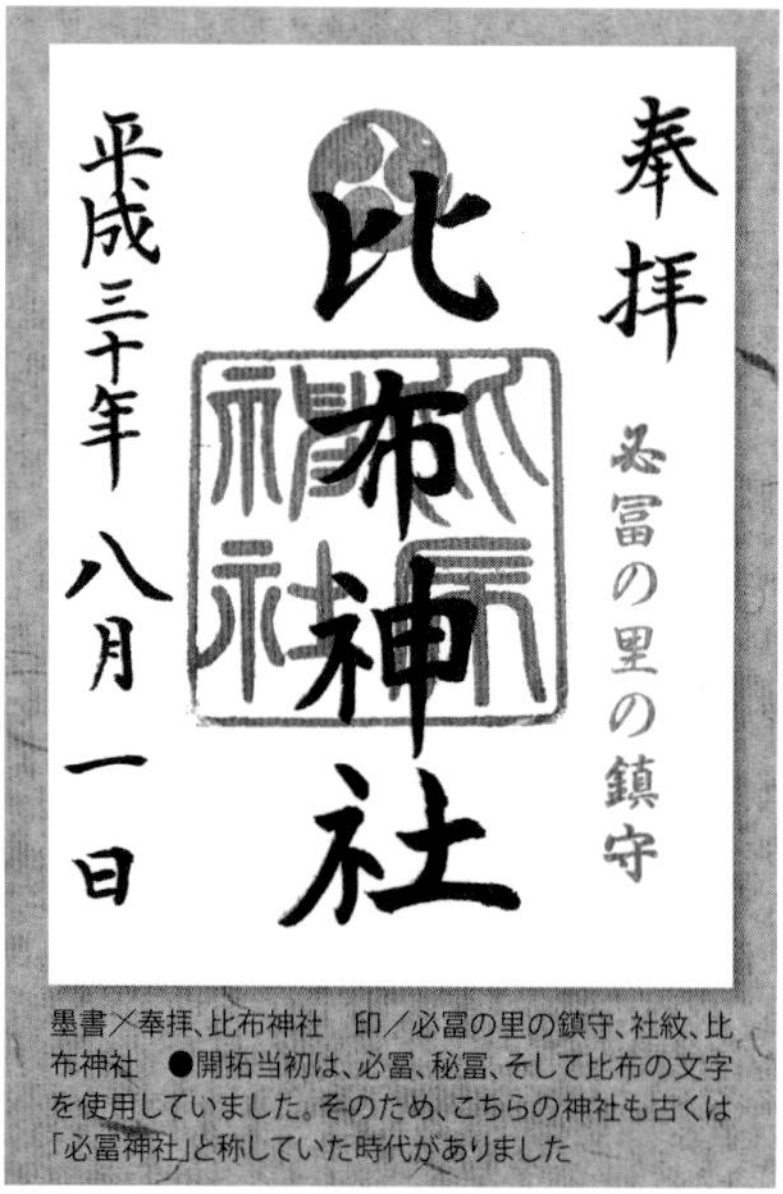

墨書／奉拝、比布神社　印／必冨の里の鎮守、社紋、比布神社　●開拓当初は、必冨、秘冨、そして比布の文字を使用していました。そのため、こちらの神社も古くは「必冨神社」と称していた時代がありました

御朱印帳

珍しい木製のオリジナルの御朱印帳（2000円）

お守り

「えんむすび」（800円）はピンクとブルーの2種類。結び目のあるデザインで、御神徳でもある良縁を祈願するお守りです

お守り

「必冨守」（800円）。かつて「必冨神社」と称していた時代の名残と縁起で頒布しているお守りです

DATA

比布神社

創建／1899年
本殿様式／神明造
住所／北海道比布町新町4-20-1
電話／0166-85-2028
交通／JR宗谷本線「比布駅」から徒歩10分
参拝時間／自由
御朱印授与時間／7:00～18:00
URL なし

神社の方からのメッセージ

5月下旬～6月上旬は約300株のツツジ、80株以上の牡丹、芍薬。さらに、7月中旬～8月中旬はアジサイが境内で美しく咲き誇ります。特にツツジ、牡丹、芍薬は旭川近郊では一番の本数を誇ります。

大正14（1925）年に創建された社殿は、現存する木造社殿として上川地方で最も古く大変堅牢な建物です。建材は北海道産の松の木を使い、他社に比べて梁や桁《けた》が太く厚いのが特徴です。神社は開拓の成就・家内安全・郷土の繁栄と守護を祈願しています。

美幌町

美幌神社

【びほろじんじゃ】

すっきりと身を清めて恋愛成就！

縁結びや開運、厄除けの御利益はもちろん、無病息災を願う6月と12月の茅の輪くぐりも楽しい！

明治時代に開拓の守護として創建されました。神社では日々の感謝と祈りの誠を捧げる祭儀が連綿と受け継がれ、いつの日も参拝者を温かくお迎えします。主祭神はあらゆる神徳を発揮する天照大神《あまてらすおおみかみ》、厄除けに御利益がある天手力男《あめのたぢからおの》命《みこと》。縁結びの神、天御中主大神《あめのみなかぬしのおおかみ》も祀られており恋愛成就の力を頂けます。

主祭神

天照大神《アマテラスオオミカミ》　天手力男命《アメノタヂカラオノミコト》

天御中主大神《アメノミナカヌシノオオカミ》

ほかにも金運、商売繁盛などの御利益が……

境内の龍神社でも開運祈願を

境内には、昔から運気を上昇させるといわれる龍神社があります。すがすがしい癒やしの空間で、パワーをしっかりチャージできそう。

みんなのクチコミ!!

「町おこしプロレス」など地元を盛り上げるイベントも開催されています（まちこ）

墨書／奉拝、美幌神社　印／神紋、奉祝 天皇陛下御即位三十年、鳥居、美幌神社　●神社の鳥居の隣には、御神木である桂の木があり、あたりはパワーがみなぎっています。初夏には鯉のぼりの御朱印も授与しています

お守り

縁結び、心結び、幸結び……。「幸結び守」（1000円）に、いろいろな結びをお願いしましょう

心身の穢れを清め、無病息災を願う「茅の輪」は6月と12月に設置されます

DATA

美幌神社

創建／1904年
本殿様式／神明造
住所／北海道美幌町西1条南4-1
電話／0152-73-2318
交通／JR石北本線「美幌駅」から車で10分
参拝時間／自由
御朱印授与時間／9:00～17:00
URL https://www.facebook.com/美幌神社-819524824768518/

神社の方からのメッセージ

境内に掲げる415(よいこ)匹の鯉のぼり群により、お子様の成長と町民の皆様方の幸せを願うとともに、訪れ来た皆様には笑顔に、そして元気になって頂き、幸せな一時を過ごして頂いております。

美幌神社には、愛らしい鯉のぼりのおみくじもあります。色は3種類。鯉のぼりのシーズンに参拝に行けなかった人は、このおみくじで美幌神社のシンボルともいえる鯉のぼりの雰囲気を楽しんでみるのもおすすめです。

釧路市

鳥取神社【とっとりじんじゃ】

縁結びからボケ封じまで目指せ開運

鳥取県から移住してきた士族が創建した神社。出雲大社の強力な神力を道北の釧路で体感できます。

明治時代、北海道に移住してきた鳥取県の士族たちが創建した神社で、御祭神は、出雲大社の大国主大神《おおくにぬしのおおかみ》。日本神話の因幡の白ウサギで知られる「だいこくさま」です。出雲大社といえば、縁結びで有名ですが、そのほかにも智識や経済、漁業、医業、機械など多くの御利益も。境内にはボケ封じの大国様も安置されています。

主祭神

大国主大神《オオクニヌシノオオカミ》

ほかにも病気平癒、仕事運などの御利益が……

鳥取城をイメージした白亜の資料館

境内に併設された資料館「鳥取百年館」。旧鳥取藩ゆかりの品々や入植した当時に持ち込まれた生活道具など、1500点以上が展示されています。

墨書／奉拝、釧路市鳥取鎮座、鳥取神社　印／社紋、鳥取神社　●風鈴とヒマワリの絵柄が夏らしい、季節限定のクリア御朱印。文字のみや見開きで大国主大神の御尊影図付きの通常御朱印、干支の御朱印もあります

御朱印帳

御朱印帳（1500円）。ウサギを抱く大国主様のあたたかみのあるイラストに心が和みます

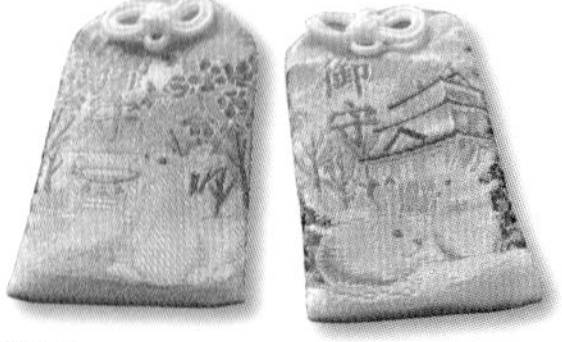

お守り

「季節限定御守り」（各600円）。大国主大神にゆかりのある因幡の白ウサギをモチーフに、四季ごとにデザインが変わるオリジナルのお守りです

DATA

鳥取神社

創建／1891年
本殿様式／神明造
住所／北海道釧路市鳥取大通4-2-18
電話／0154-51-2404
交通／JR根室本線「釧路駅」から車で15分、JR根室本線「新富士駅」から車3分
参拝時間／自由
御朱印授与時間／9:00～16:00
URL www15.plala.or.jp/tottori-shrine/

神社の方からのメッセージ

鳥取神社では、日本三大仇討ちのひとつ「鍵屋の辻」の関係者の御霊をお祀りする「渡辺数馬慰霊祭」（11月7日）や人形やぬいぐるみのお祓いを行う「人形焼納祭」（6月30日）などの神事を毎年斎行しています。

釧路市は鳥取県からの入植者たちが開拓に携わった市です。そのため市内には、今でも「鳥取大通」や「鳥取南」、「鳥取北」などの地名があります。御朱印集めの前後は、開拓の歴史をたどる旅をしてみるのもおもしろいかもしれません。

第三章 御利益別！ 今行きたい神社

Part3

金運

収入アップも、宝くじの当選も、お金に関する願いごとなら金運パワーをチャージできる「実績あり」の神社へ。

★金運★絶対行きたいオススメ神社

- 新得神社（道東・オホーツク）
- 江南神社（札幌）／飯生神社（道南）
- 石山神社（札幌）
- 南幌神社（道央）／輪西神社（道央）
- 上川神社（道北）
- 義經神社（道央）
- 金刀比羅神社（道東・オホーツク）

強力な金運パワーで、億万長者も夢じゃない!?

老若男女、誰もがあやかりたいのは、やっぱり金運です。
北海道でも有数のパワースポットとされる「新得神社」。そこで神のお導きに身をまかせたら、
昇給に臨時収入、宝くじ高額当選など、お金が呼び込まれるかもしれません。

絶対行きたいオススメ神社

新得町

新得神社【しんとくじんじゃ】

自然のパワーで金運も心も豊かに！

新得山に抱かれ、自然散策も楽しめます。金運のほか、合格や家内安全の御利益も。

御祭神は太陽の神で万物に光りを注ぐことから、金運をはじめ幸福や健康長寿などさまざまな御利益があるとされています。新得山自然公園の麓というロケーションで、明るい太陽の光と豊かな木々の緑に囲まれた境内は穏やかで、すがすがしい雰囲気。自然のパワーが心身を浄化し、気持ちがしゃんとして、エネルギーがわいてきます。

主祭神
天照皇大神《アマテラススメオオカミ》

ほかにも厄除け、家内安全、五穀豊穣、合格などの御利益が……

春は花見客がいっぱい
毎年桜の開花期の日曜に「新得山de春まつり」が行われます。社殿や境内が、満開のエゾヤマザクラで桜色に染まる景観は、見応え十分。

墨書／奉拝、新得神社　印／山桜をデザインした社紋、新得神社　●大正5（1916）年、開拓者・伊藤伝五郎の留守中に火災が起こり、妻子7人が犠牲に。その供養のために伝五郎が山桜を植え、今では桜の名所になっています

お守り

「新㊢守」（1000円）は持っていると新たな何かを「得」られるといわれています

みんなのクチコミ!!

桜の開花時期には夜間のライトアップがあり、昼も夜もお花見ができます（ゆうな）

新得町は北海道の重心に位置し、バランスが保たれていて落下しないという由来から「合格守」（1000円）も人気

DATA
新得神社
創建／1903年
本殿様式／神明造
住所／北海道新得町西1条北3-11
電話／0156-64-5034
交通／JR根室本線「新得駅」から徒歩7分
参拝時間／自由
御朱印授与時間／9:00～17:00（不在時は書き置きのみ）
URL https://www.facebook.com/shintokujinja/

神社の方からのメッセージ

当社のある山全体で2500本もの桜が植樹されています。開花時期になると観賞の方々のためにかつては臨時列車が出ていたほど、昔から桜の名所として有名です。5月上旬の桜が満開の頃に参拝していただくのがオススメです。

新得山は標高455.3mの小高い山で、「新四国八十八ヶ所」と呼ばれる参道をめぐることも可能。春の桜だけでなく、夏はハイキング、秋は紅葉、冬はスキーと四季折々の楽しさを味わうことができるスポットです。

神様のパワーで人生を繁栄させる

札幌市

江南神社

【こうなんじんじゃ】

御祭神の大国魂神《おおくにたまのみこと》は、島根県にある出雲大社の大国主神と御同神とされています。人々に衣食住の道を教えた福神であることから、暮らしに関わる金運アップや商売繁盛に御利益が。また、武神として有名な日本武尊からは、厄を祓って運を切り開く強さを頂けるでしょう。

墨書／奉拝、江南神社　印／江南神社　●屯田兵たちの心の支えやよりどころになっていた神社で、境内には屯田兵にまつわる史跡が数多くあり、開拓の歴史を感じることができます

すべての物事がますます繁栄するようにと願いが込められた「彌榮家榮御守」(800円)

みんなのクチコミ!!

明治27(1894)年に屯田兵から贈与された貴重な松の木が境内に4本残っていて、人気の場所になっています(柚っ子)

主祭神

天照大神《アマテラスオオミカミ》　大国魂神《オオクニタマノミコト》

日本武尊《ヤマトタケルノミコト》

DATA

江南神社

創建／1891年

本殿様式／神明造

住所／北海道札幌市北区屯田7条6-2-25

電話／011-772-7037

交通／地下鉄南北線「麻生駅」から北海道中央バス10分「屯田小学校」下車徒歩1分、JR学園都市線「百合が原駅」から車10分

参拝時間／9:00～17:00

御朱印授与時間／9:00～17:00

URL http://kounanjinjya.jp/

ほかにも厄除け、家内安全などの御利益が……

雪の妖精シマエナガが飛来

長万部町

飯生神社

【いいなりじんじゃ】

令和4(2022)年の例祭前日、轟音とともに高さ約30mの水柱が噴出し、運気上昇の神社として一躍有名に。50日でピタリと止まる不思議な霊験に続き、樹齢約100年の大木を宮司自らが発見するなど、神様のお導きに加え、冬は幸運の鳥シマエナガが訪れます。

墨書／奉拝、飯生神社　印／飯生神社、北海道長万部総鎮守、いいなり、シマエナガ　●ほかに例祭に奉納される松前神楽の舞の御朱印や、静狩稲荷神社の波とカモメの手書き御朱印の授与もあります

お守り

親子猫6匹で六猫(むびょう)の「無病守」(800円)。健康で暮らしたい人に大人気

御創祀250年記念で建立した新鳥居と御社殿の上に白龍をデザインした記念御朱印。春夏秋冬でデザインが変わります

主祭神

天照大神《アマテラスオオミカミ》　大国主命《オオクニヌシノミコト》

倉稲魂命《ウカノミタマノミコト》

DATA

飯生神社

創建／1773年

本殿様式／神明造

住所／北海道長万部町長万部379

電話／01377-2-2165

交通／JR「長万部駅」から徒歩20分

参拝時間／自由

御朱印授与時間／9:00～17:00

URL https://www.facebook.com/飯生神社いいなり北海道長万部町-271179316716497/

ほかにも良縁導き全般、学業、就職、運気、勝負事、交通安全などの御利益が……

札幌市

石山神社【いしやまじんじゃ】

再生・復活のための金運への導き

苦しい状況から脱出したいならここへ。商売繁盛や事業拡大のパワーを頂けるかも。

平成18（2006）年までは常駐の神主がいませんでした。しかしその後、宮司が常駐するようになり、さまざまな祭事を催行。神々の御神徳を頂き、潰れかけていた神社を約10年間で再生させたのです。このため、諦めかけていたことを成し遂げるために必要な金運やエネルギーを授けていただけると話題になりました。

石山の自然が反映された巨大神輿

地元で産出される大きな石山軟石を載せた、約800kgもの「万灯神輿」は、2014年に地域の若者たちと製作した、神社復興のシンボルのひとつ。

主祭神

天照大神《アマテラスオオミカミ》

ほかにも家内安全などの御利益が……

墨書／奉拝、石山神社　印／巴紋の社紋、石山神社

●神社を再生した宮司が大切にしている言葉は「ありがとう」。感謝の気持ちがすべての幸福を呼び込むとされているので、御朱印を頂くときも神様への感謝を忘れずに

お守り

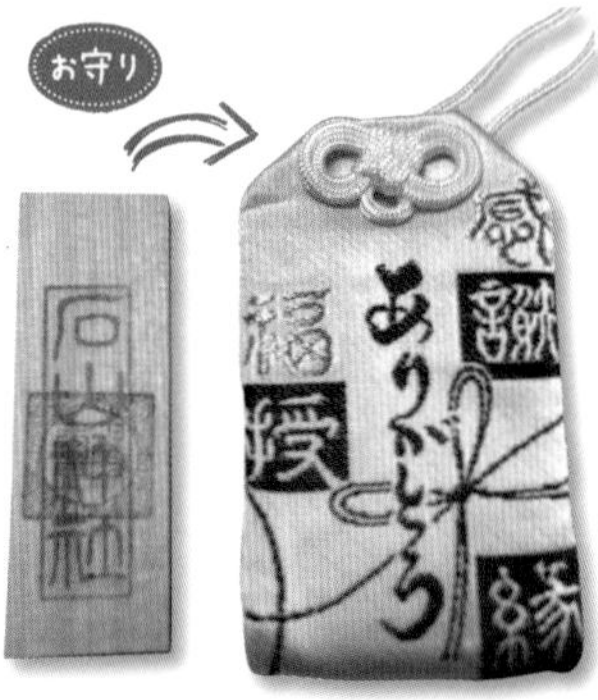

「ありがとう御守り」（1000円）は、伊勢神宮の神々を20年間守り続けたヒノキの古材を御内符に入れています

みんなのクチコミ!!

札幌市南区のなかで、御朱印を頂ける唯一の神社です（美月）

DATA

石山神社

創建／1885年
本殿様式／神明造
住所／北海道札幌市南区石山2条3-254
電話／011-591-1577
交通／地下鉄南北線「真駒内駅」からじょうてつバス10分「石山緑小学校」下車徒歩3分
参拝時間／9:00～17:00
御朱印授与時間／9:00～17:00
URL なし

神社の方からのメッセージ

365日、毎朝6:30から当社にて行われるラジオ体操にはたくさんの方々が集い、人とのふれあいが感じられます。2024年で16周年を迎えられるのも、いらしてくださる皆様のおかげです。機会がありましたらぜひ御参拝ください。

社殿の建設には、三重県にある伊勢神宮の古材が使われました。これは全国の神社においても、とても貴重なことだそう。その御威光から、札幌にいながらにして伊勢神宮の御神徳に触れられる神社としても有名です。

金運が上がると口コミで評判！

南幌町

南幌神社【なんぽろじんじゃ】

オスとメスがはっきりしているという珍しい狛犬が境内に祀られています。口の中に宝玉をくわえているのがメスで、もう一体にはよく見るとオスのシンボルが！　近年は、金運アップの御利益があるとして、多くの方が神社参拝に訪れ、この二体の狛犬にも触れて帰るそうです。

墨書／奉拝、南幌神社　印／敬神、南幌神社、社紋、南幌神社、宮司、辰　●丸みのある文字が印象的。宮司の印を押していただけるのがうれしいです

口に宝玉をくわえている阿《あ》形がメス

こちらの吽《うん》形の狛犬がオスです

横から見ると……

DATA
南幌神社
創建／1910年
本殿様式／神明造
住所／北海道南幌町緑町5-6-1
電話／011-378-2536
交通／新札幌バスターミナルから夕鉄バス50分「南幌消防署前」下車徒歩5分
参拝時間／自由
御朱印授与時間／終日（宮司不在の場合あり）
URL なし

主祭神
天照大神《アマテラスオオミカミ》　八幡大神《ハチマンオオカミ》
伊弥彦大神《イヤヒコノオオカミ》　白鳥大神《シラトリノオオカミ》

ほかにも開運、家内安全などの御利益が……

お守り

財布に入れて持ち歩きたい「金運守」（800円）

鉄づくりのパワーで金運上昇

室蘭市

輪西神社【わにしじんじゃ】

NHK『ブラタモリ』でも紹介された「鉄の街」室蘭。こちらは現・室蘭製鉄所の従業員を守る神社として建立されました。まさに街の守護神です。10の神様が祀られており、鉄づくりの要、鉱山の神「金山毘古神《かなやまひこのおおかみ》」も鎮座。財運上昇と商業・工業の神様として住民に愛されています。

墨書／奉拝、輪西神社　印／社紋、輪西神社　●昭和6（1931）年から続く室蘭製鉄所。高度成長期、鉄なくして日本の発展はなかったといっても過言ではありません。働く人々を守り続けた神々に感謝の気持ちを込めてご縁を結びましょう

お守り

人気は身を守ってくれるオリジナルの「御守」（500円）

工場の街」・室蘭を昭和初期から守り続けてきた輪西神社。ほかでは決して見られない鉄骨造の珍しいお社です。賽銭箱も鉄製！　じっくりと見学してみましょう。鉄フェチは必見

DATA
輪西神社
創建／1924年
本殿様式／鉄骨流造
住所／北海道室蘭市みゆき町2-17-10
電話／0143-44-2136
交通／JR室蘭本線「室蘭駅」から車5分、JR室蘭本線「輪西駅」から徒歩12分
参拝時間／9:00～17:00
御朱印授与時間／9:00～17:00
URL なし

主祭神
大国主神《オオクニヌシノカミ》

ほかにも無病長寿、身体堅固などの御利益が……

みんなのクチコミ!!

室蘭は工場夜景見学が人気です。神社と一緒にぜひどうぞ！（マル）

神聖なる元・御料地に鎮座する

森林に囲まれ、心安らかになる聖空間。狛犬ならぬ「狛熊」が御神前を守っています。

旭川市

上川神社

【かみかわじんじゃ】

街の発展にともない、数回の遷座を経て、現在は旭川市の中心部に近い「神楽岡」に鎮座。御料地（皇室の所有地）であった神楽公園とともに、1年を通じて市民に親しまれており、金運のパワースポットとしても たいへん人気です。境内の菅原《すがわら》道真《みちざね》公《こう》を祀る旭川天満宮は、学業達成に御利益があります。

主祭神

天照皇大御神《アマテラススメオオミカミ》
大己貴大神《オオナムチノオオカミ》　少彦名大神《スクナヒコナノオオカミ》

ほかにも厄除、交通安全、家内安全、商売繁盛、安産、合格、病気平癒などの御利益が……

明治天皇ゆかりの聖なる土地

上川神社は明治天皇が「上川離宮造営予定地」とお定めになった神域です。由緒ある場所に広がる境内は、凛とした空気に包まれています。

墨書／奉拝、上川神社　印／北海道旭川市鎮座、上川神社、梅、リス　●境内社「旭川天満宮」のものとあわせて、2種類の御朱印が頂けます。オリジナルの御朱印帳（右上）に頂くのがオススメです

墨書／奉拝、旭川天満宮　印／上川神社境内社、旭川天満宮、梅、うそ鳥　●境内社の旭川天満宮の御朱印です。ほかに兼務社の雨紛神社の御朱印も頂けます

御朱印帳

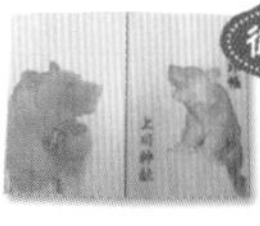

本殿神前に奉納されている「狛熊」があしらわれた、木製の御朱印帳です（1700円～）

みんなのクチコミ!!

神楽岡公園では多くの草花や動物を見ることができ、散歩をするだけでリフレッシュできました（紬）

お守り

「仕事守」（1000円）。裏面に描かれた神輿の切り絵は、健全な体で力を発揮する身腰と神輿をかけており、仕事運向上を祈願

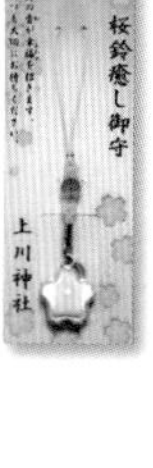

上川神社の社紋の山桜がモチーフの「桜鈴癒し御守」（800円）。ふっくらとした桜がとってもキュート

DATA

上川神社

創建／1893年
本殿様式／神明造
住所／北海道旭川市神楽岡公園2-1
電話／0166-65-3151
交通／JR「旭川駅」から旭川電気軌道路線バス8分「上川神社」下車徒歩1分、JR富良野線「神楽岡駅」から車5分
参拝時間／9:00～16:30
御朱印授与時間／9:00～16:30（不在時は書き置きのみ）
URL http://www.kamikawajinja.com/

神社の方からのメッセージ

当社では皆様のご依頼に応じまして、さまざまなご祈願をご奉仕させていただいております。また、毎年7月20～22日の例大祭では、「舞殿」での神楽舞などの奉納行事がございます。皆様のご参拝をお待ちしております。

社務所ではいろいろな種類のお守りやお札、おみくじなどを扱っており、たくさん集めたくなってしまうこと間違いなし。神社内の緑深い静寂な環境にひかれ、神前結婚式の相談や申し込みに訪れるカップルも多いそうです。

北方の守護神・義經にあやかる強運

金運・勝負運・仕事運の御利益がすごい！
全国&台湾からも社長さんがやってきます。

平取町

義經神社

【よしつねじんじゃ】

金運

平安末期の武将、源義經を祀る神社が道内にあるのをご存じですか？　義經は兄の頼朝に追い詰められ自害したというのが通説ですが、実は蝦夷地に渡り、武術や農耕、機織りなどを伝えて英雄として慕われていたという北行伝説が残されています。アイヌの聖地に建てられたお社は、義經公の強力なパワーに満ちています。

主祭神
源義經《ミナモトヨシツネ》

ほかにも勝運向上、厄除けなどの御利益が……

究極のパワーストーン「さざれ石」
神社近くの沙流川《さるがわ》から運ばれた約23トンのさざれ石。国歌にも登場するこの石に手を当てて永遠のパワーをチャージしましょう！

みんなのクチコミ!!
平取町のある日高地方は競走馬の産地で、こちらは競馬必勝祈願でも有名。2017年の有馬記念でキタサンブラック大的中！（杏）

お守り
「必当御守」（800円）はヒットとかけて、芸事を行う人が入手することも多いそうです

絵馬
カラフルな絵馬（700円）で願うと、競馬運はオッズ関係なく上昇間違いなし！

寛政11（1799）年、江戸時代の幕吏である近藤重蔵らにより安置された義經公の御神像は、確かにイケメン。現在は非公開

邪気を祓う「御神塩」（500円）は貴重なお清めのお塩です

お守り
美しい錦色の義經公が描かれた「左馬勝守」（800円）は一番人気

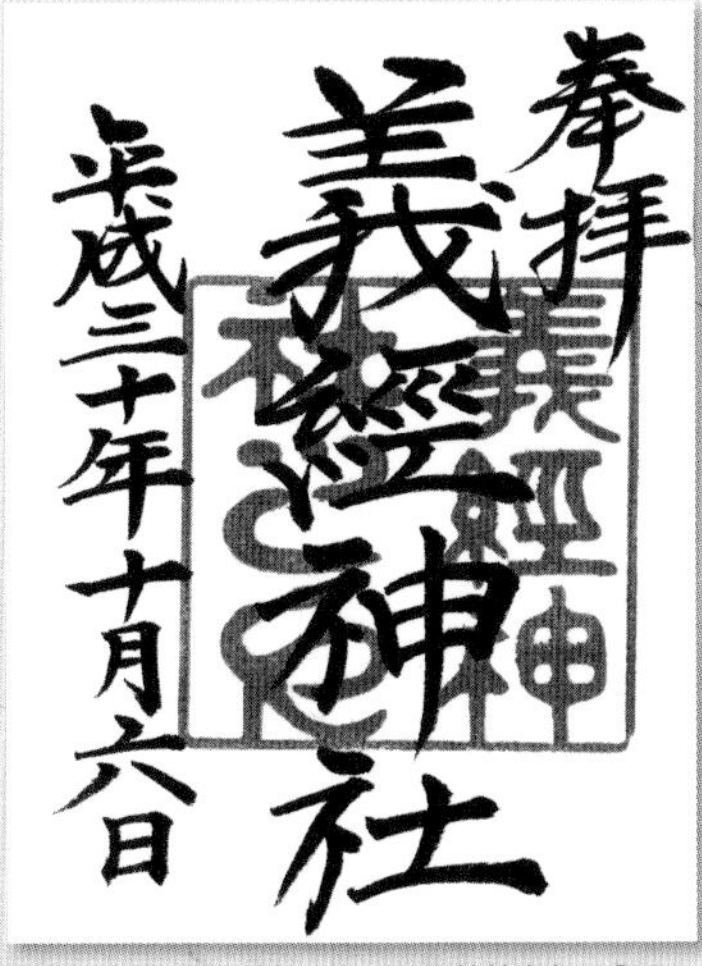

墨書／奉拝、義經神社　印／義經神社之印　●その昔、源氏を一気に勝利に導いたエネルギーと、心優しい穏やかな義經公を思いながら、義經神社との契りを交わしましょう

DATA
義經神社
創建／1799年
本殿様式／入母屋流
住所／北海道平取町本町119-1
電話／01457-2-2432
交通／JR日高線「富川駅」から道南バス22分「平取神社前」下車徒歩5分
参拝時間／9:00～17:00
御朱印授与時間／9:00～17:00
URL https://yoshitsune-jinja.com/website/

神社の方からのメッセージ

創祀220年には、「義經神社崇敬会」が発足し、全国の約70の企業の方々が入会されています。人生も事業も勝負は自分との戦いですよね。その拠り所として義經公を多くの方が慕い、台湾からも会社の社長が参拝に訪れます。

義經神社の御神塩は大人気です。毎朝、義經公にお供えする塩をストックしておき、毎月新月に六根清浄の大祓いでさらにお清めするという、なんともありがたいお塩。熊本県天草の塩を使用しています。ぜひゲットして家の中の邪気を祓いましょう。

一途な思いを御朱印に託し願う幸せ

北の果てらしいオホーツクの波を描いた御朱印。本土最東端の神社から強大なパワーを頂きましょう。

根室市

金刀比羅神社

【ことひらじんじゃ】

江戸時代後期、北洋漁業開拓者の高田屋嘉兵衛《たかたやかへえ》により創祀。終戦直後、北方領土に暮らす日本人が奉遷した11社の御神体も祀られています。そのため2種の御朱印には、ともに「祈 返還 北方領土」の印が。宮司の覚悟を見るようです。正門に展示された奉納額の「龍の絵」を見ると金運が上昇するとクチコミで評判です。

主祭神

大物主神《オオモノヌシノカミ》　事代主神《コトシロヌシノカミ》

倉稲魂神《ウカノミタマノカミ》

ほかにも家内安全・商売繁盛、五穀豊穣などの御利益が……

根室っ子が誇る大神輿は必見！

8月の例大祭で根室の町に繰り出す1.5トンの絢爛豪華な大神輿の行列は迫力満点！　北海道三大祭りのひとつといわれています。

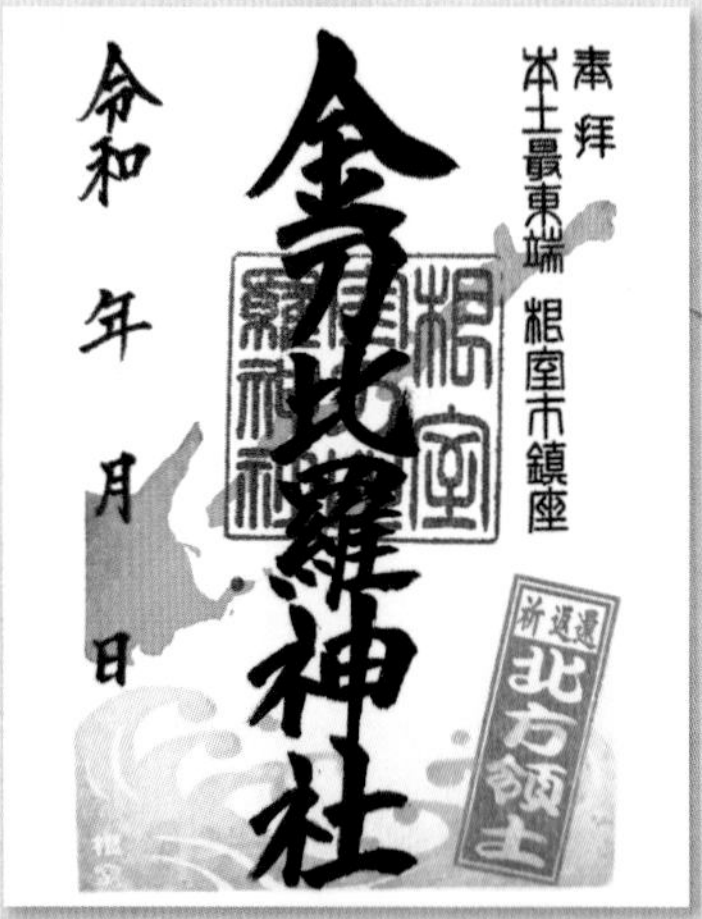

墨書／金刀比羅神社　印／奉拝、本土最東端 根室市鎮座、根室金刀比羅神社、祈 返還 北方領土の文字印と地図、波　●背面に本州以南の人々が問題を忘れがちな北方領土の地図、さらに青い波が押されたメッセージ性の強いデザインです

神社の展望台からは根室港を一望できます。運がよければきれいな夕日や港一面の流氷に遭遇することも！

漁師の町らしいさわやかなブルーの「海上安全御守」（1000円）

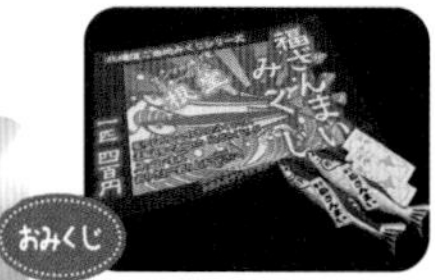

根室名物、サンマの張り子が付く「福ざんまいみくじ」（400円）が人気！ 北海道弁で書かれているそだね～。特製釣り竿で釣り上げます

道内15社で頒布している「えぞみくじ」各400円

みんなのクチコミ!!

北海道周遊の途中で本土最東端の町のこの神社に立ち寄って「旅守ステッカー」を購入。宮司さんとの会話も弾み、楽しかったです（佳代）

「旅守ステッカー」（500円）にも北方領土が描かれています

DATA

金刀比羅神社

創建／1806年
本殿様式／入母屋流造
住所／北海道根室市琴平町1-4
電話／0153-23-4458
交通／JR根室本線「根室駅」から根室交通バス10分「汐見町」下車徒歩5分
参拝時間／自由
御朱印授与時間／8:30～12:00、13:00～17:00（1/15～3/15は9:00～12:00、13:00～16:30）
URL https://www.nemuro-kotohira.com/

神社の方からのメッセージ

神職が常駐する神社としては日本最東端となります。場所柄、自転車やバイク、キャンピングカーで北海道周遊をされる方も多く立ち寄られます。北方領土返還の願いもしたためた御朱印をどうぞお受けくださいませ。

参拝者にぜひとも立ち寄ってほしいのが、根室っ子自慢の神輿殿とお祭り資料館です。大神輿の展示をはじめ、例大祭の様子を映像や写真で見ることができます。また、根室はサンマの水揚げ量日本一。サンマをかたどった「福ざんまいみくじ」はぜひゲットしましょう！

第三章　御利益別！　今行きたい神社

Part 4

美容・健康

すべての始まりは心と体の健康から。
さらに、美容のお願いもかなったら、
最強無敵な自分になれるはず！

- ★美容・健康★絶対行きたいオススメ神社　2選
  西野神社（札幌）／湯倉神社（道南）
- 新川皇大神社（札幌）
- 浦幌神社（道東・オホーツク）
- 北門神社（道北）／羽幌神社（道北）

美容◆健康　絶対行きたいオススメ神社 2選

心身の健康や子宝・安産、さらに美容の御利益も！

女性はもちろん、老若男女、いつまでも美しく健康でありたいと願うのは、昔も今も変わりません。
安産や長寿の御利益で有名な「西野神社」。医療の神様が祀られている「湯倉神社」。
ここで神様に願いを伝えれば、エネルギーを授けていただけるはずです。

絶対行きたい オススメ神社 1

札幌市 西野神社【にしのじんじゃ】

安産の御利益で女性に絶大な人気！

子宝や健康増進、延命長寿にもパワーが。お守りは約300種！　デザインも豊富。

安産や縁結びの神様である豊玉姫命《とよたまひめのみこと》が祀られており、昔から安産守護や良縁成就に絶大な御神徳があるとされてきました。近年は、安産に御利益があるとして境内の「母犬と子犬の石像」に人気が集まっています。また、参道脇の「槐《えんじゅ》」の木は、名前のとおり「延寿」や「縁就」に通じることから、長寿や縁結びに導いてくださる木とされているので立ち寄りましょう。

主祭神

豊玉姫命《トヨタマヒメノミコト》　鸕草葺不合命《ウガヤフキアエズノミコト》
譽田別命《ホンダワケノミコト》

ほかにも縁結び、厄除け、勝運上昇などの御利益が……

安産祈願は犬の石像を撫でて

安産の象徴とされる犬が複数配置された「西野神社 創祀百二十年記念碑」。産まれる子供の干支の文字が配されている子犬の像をなでて、安産を願います。

墨書／奉拝、西野神社　印／狛犬と巴紋、西野神社之印　●御朱印は書き置きとなりますが、オリジナル御朱印帳を受けられた場合は最初のページに押印、墨書きの御朱印を頂けます

墨書／奉拝　印／西野神社、干支の辰、十二支詣　●干支の御朱印をすべて揃えると吉祥来福の干支切り絵御朱印が無料で頂けます

お守り

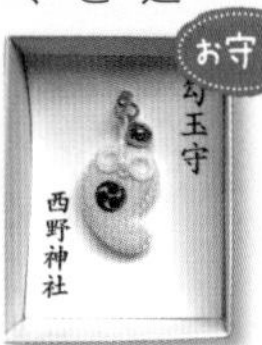

「朔日参り限定勾玉守」（700円）は、毎月1日限定で授与されるレアなお守り

みんなのクチコミ!!

「戌の日」の安産祈願の御祈祷を受ける方も多いです（結愛）

御朱印帳

西野神社 創祀百二十年記念碑や境内に咲き誇るアジサイ、桜などが表紙に描かれている御朱印帳（1500円）

DATA

西野神社
創建／1885年
本殿様式／神明造
住所／北海道札幌市西区平和1条3
電話／011-661-8880
交通／地下鉄東西線「発寒南駅」からJR北海道バス13分「平和1条3丁目」下車徒歩1分
参拝時間／自由
御朱印授与時間／9:00～16:30（行事などにより変動あり）
URL http://nishinojinja.or.jp/

＼神社の方からのメッセージ／

境内にはアジサイが咲き誇る「紫陽花の路」があり、氏子区域内にはホタルを観賞できるホタル水路、バーベキューが可能な「五天山公園」、観光名所として知られる「平和の滝」などもありますので、ぜひ遊びにお越しください。

良縁・結婚を望む人々の真摯な思いを神様にお取り次ぎし、1件でも多くの成婚を増やすべく、不定期で「良縁祈願祭」が斎行されています。具体的な日程は、西野神社のウェブサイトに案内が書かれています。

絶対行きたい オススメ神社 2

函館市

湯倉神社【ゆくらじんじゃ】

温泉地の守り神に心身が癒やされる

多くの人たちの痛みや悩み、苦しみを解消。心の寄りどころとして長く崇敬されています。

主祭神
大己貴神《オオナムチノカミ》　少彦名神《スクナヒコナノカミ》
倉稲魂命《ウカノミタマノミコト》

ほかにも五穀豊穣、交通安全、商売繁盛、家内安全、厄除け開運、縁結び、安産などの御利益が……

この地で木を伐採していた男性が湧き湯を見つけ、湯治をしたところ、けがや病気が治ったという言い伝えがあります。そこで男性がお礼に薬師如来を刻み、祠に安置したのが、湯倉神社と湯の川温泉の起源です。

また、主祭神の大己貴神《おおなむちのかみ》と少《すくな》彦名神《ひこなのかみ》は、医療の神様として知られ、無病息災に強力な御神徳があると遠方からの参拝者が後を絶ちません。

神様の御慈愛を受けたうさぎの像
主祭神の1柱・大己貴神がうさぎを助けた神話「因幡の白うさぎ」にちなんだ「なでうさぎ神兎」は、願いごとを祈ってなでると御加護が頂けます。

墨書／奉拝、湯倉神社　印／函館湯の川、湯倉神社、うさぎ　●道内屈指の温泉郷として、多くの人に親しまれている「函館湯の川温泉」の印が入っており、格式とともに癒やしも感じられます

「健・笑・美・成・拓」など13種類の漢字から、願いに合わせて1～3体を選び、好きな袋に入れて自分だけの特別なお守りを作れる「御神縁御守」（1体300円）限定のお守袋（500円）もあります

みんなのクチコミ!!

なでうさぎ神兎をモチーフにしたお守りや絵馬、おみくじなどもかわいいんですよ(リン)

「イカすおみくじ」（400円）はイカの街・函館ならでは。観光客に大人気

DATA
湯倉神社
創建／1654年
本殿様式／流造
住所／北海道函館市湯川町2-28-1
電話／0138-57-8282
交通／函館市電「湯の川電停」から徒歩1分
参拝時間／自由
御朱印授与時間／8:30～17:30
URL http://www.yukurajinja.or.jp/

神社の方からのメッセージ

境内には「湯の川温泉発祥之地碑」や、うさぎをモチーフにしたフォトスポットの「てまりうさぎ」「竹林と白うさぎ」など見どころが満載です。函館にお越しの際は、ぜひお参りください。

函館市電「湯の川電停」近くの足湯で体をポカポカに温めたり、湯の川商店街を散策したりと、湯倉神社の周囲には観光スポットがいっぱい。昔から多くの人々に愛されてきた湯の川温泉の歴史を存分に感じることができます。

気力充実で健康な人生への導きあり

伊勢神宮から「皇大神社」の名を頂いた北海道唯一の神社で心静かに神様と向き合いましょう。

札幌市

新川皇大神社【しんかわこうたいじんじゃ】

多くの御祭神が祀られており、あらゆる御神徳がある神社です。そのなかでも、医薬の神様である少彦名命《すくなひこなのみこと》と大己貴命《おおなむちのみこと》に病気平癒や無病息災を願う方が多く、「いい医者や薬、健康法に恵まれる」といった御利益が頂けます。健康面で心配があるときに参拝すると、病気に負けずにがんばれるエネルギーや夢を頂けるでしょう。

主祭神

少彦名命《スクナヒコナノミコト》	大己貴命《オオナムチノミコト》
品陀和気命《ホンダワケノミコト》	天照大御神《アマテラスオオミカミ》
豊受毘賣神《トヨウケヒメノカミ》	三宝荒神《サンボウコウジン》
馬頭大神《バトウオオカミ》	埴安姫命《ハニヤスヒメノミコト》

ほかにも縁結び、合格、勝運向上、商売繁盛、厄除け・防災、動物・ペット守護などの御利益が……

かわいい十二支の御加護を得られる

病気平癒や無病息災を願って建立された「八方除け諸願十二支像」。自分の干支を3回さすってからお参りをすることで、御利益が頂けます。

墨書／新川、皇大神社　印／健康、馬頭大臣、新川皇大神社　●動物たちを金色の箔押しで表した馬頭大神ペット御朱印。大切なペットと一緒での参拝を歓迎している神社らしい御朱印です

お守り

金の太刀が添えられた「縁切り守」(1000円)で悪病や悪縁厄を断ち切れば、心身ともに穏やかに過ごせるようになります

お守り

今いる場所から大きく羽ばたきたいなら「翔守」(1000円)を。赤と青の2色から選べます

牛、馬、犬、猫など多くの動物の御霊をお祀りしている馬頭碑

DATA
新川皇大神社
創建／1904年
本殿様式／神明造
住所／北海道札幌市北区新川3条13-3-12
電話／011-765-7880
交通／地下鉄南北線「北24条駅」から北海道中央バス13分「西陵橋」下車徒歩2分、JR学園都市線「新川駅」から車8分
参拝時間／自由(祈祷受付は9:00~17:00)
御朱印授与時間／9:00~17:00
URL http://shinkawakoutai.net/

＼神社の方からのメッセージ／

参拝者の方々からは「札幌六社御朱印巡りのおかげで、今まで知らなかった多くの神社をお参りすることができています」との声を多く聞いております。当社の御朱印も、参拝の証としてどうぞ大事に保管してください。

御祭神の馬頭大神(ばとうおおかみ)は、新川地域一円であらゆる動物、家畜の守護神として古くからあがめられてきた神様です。そのため、動物やペット守護の御利益がある珍しい神社としても有名で、年に3回ペットの健康祈願のお祓祈祷を行っています。

全国から懐妊報告が殺到！

乳神様の発祥の地で祀られた御神木と母性の神様に手を合わせましょう。

浦幌町

浦幌神社

【うらほろじんじゃ】

境内社の「乳神神社」で信仰されているのは「乳神様」。乳房に似たふたつのコブをもつ御神木をお祀りしたのが始まりです。子宝、安産、婦人病平癒の御神徳を頂けるため、同じ日に子授け祈願をした3組の夫婦が、5ヵ月後の同じ日に安産祈願に……という奇跡的なことも。今では、十勝、北海道、全国へと信仰が広まっています。

主祭神

天照皇大神《アマテラススメオオカミ》　八幡大神《ヤハタノオオカミ》

ほかにも交通安全、商売繁盛、縁結びなどの御利益が……

触れると御神徳を授かるパワー石

「乳石殿」には、地元で出土した乳房の形の天然石「乳石」が祀られています。乳石を霊威の込もった布でなでて、その布をお守りとして持ち帰ることも可能です

みんなのクチコミ!!

バイクの交通安全祈願がありライダーに有名（m）

お守り

手彫りの「おっぱい守」（1000円）は、乳神様の御神木にちなんだ「ナラの木」を使用

墨書／奉拝、浦幌神社　印／浦幌神社、日の出　●境内には伏見稲荷神社、水子神社も鎮座しており、参拝するとさまざまな願いごとに御加護を与えてくださいます

墨書／奉拝、乳神神社　印／乳神神社、御神木　●乳神様の生命力みなぎる御神木のナラの木の印が押された、乳神神社の御朱印です

DATA
浦幌神社
創建／1896年
本殿様式／神明造
住所／北海道浦幌町東山町18-1
電話／015-576-2448
交通／JR根室本線「浦幌駅」から徒歩12分
参拝時間／8:00～19:00
御朱印授与時間／8:00～19:00
URL https://www.urahorojinja.org/

神社の方からのメッセージ

自転車安全運転推進運動の一環として、明治大学サイクリスツツーリングクラブの学生と共同で自転車のお守りを制作し、2024年4月より授与を開始しました。明大カラーの紫紺がベースの自転車が目立つデザインです。

京都の伏見稲荷大社から分霊を受けた稲荷神社があります。2021年に御創祀100年を迎える際、社殿周りを整備しキツネの石像を建立しました。社殿の隣には名刺奉納所が建てられ、仕事の成功を祈る人々の心の拠り所となっています。

親子の狛犬に触れて子宝祈願を

稚内市

北門神社【ほくもんじんじゃ】

こちらは宮司が常駐しており、いつでも御朱印を頂ける日本最北端の神社です。境内に鎮座するのは、子供を優しく守るように抱えている、珍しいメスの狛犬。子供の狛犬に触れると子宝に恵まれるという評判が立ち、子授けの御利益で全国に広く知られるようになりました。

大評判の「子授け守」(1000円)を求めて全国から参拝客が訪れます

社殿内には北海道でいちばん大きいといわれる大太鼓があり、7:00と17:00(10〜4月は16:00)にこの大太鼓の音で時間を知らせています

主祭神

天照皇大神《アマテラススメオオカミ》　武甕槌神《タケミカヅチノカミ》

事代主神《コトシロヌシノカミ》

ほかにも安産、海上安全、身体健全などの御利益が……

墨書／奉拝、北門神社　印／日本最北の神社、北門神社　●社殿の隣には、宗谷海峡に臨む遊歩道があります。天気のよい日に、宗谷岬やサハリンの島影を見ることができるのは、日本最北端の神社ならではのことです

DATA

北門神社

創建／1785年

本殿様式／神明造

住所／北海道稚内市中央1-1-21

電話／0162-22-2944

交通／JR宗谷本線「稚内駅」から徒歩5分

参拝時間／6:00〜17:00(10〜4月〜16:00)、毎月1日は5:00開門

御朱印授与時間／6:00〜17:00(10〜4月〜16:00)

URL なし

みんなのクチコミ!!

社殿の中も拝観可能(梓)

食に困らず健康に生きていける!

浦幌町

羽幌神社【はぼろじんじゃ】

主祭神の豊《とよ》御食《みけ》津能《つの》大神《おおかみ》は、食物や穀物を司る健康の神とされています。参拝することで、毎日を健康に過ごす気力や体力を与えていただけるでしょう。また、生命のもとになる「食」のパワーを頂くと、食べ物に困らなくなり、家庭の安泰や繁栄につながるともいわれています。

陰陽の調和が平安と繁栄をもたらす「雄蝶雌蝶」(800円)は、羽幌神社で手作りされています

主祭神

豊御食津能大神《トヨミケツノオオカミ》

ほかにも家内安全、交通安全、厄除けなどの御利益が……

墨書／奉拝、羽幌神社　印／羽幌神社印、米俵、海老　●食事の神・豊御食津能大神にちなみ、実りの象徴であるお米と、長寿の象徴である海老という縁起のよい絵柄があしらわれています

墨書／神幸、羽幌神社　印／羽幌神社之印、鶴、亀　●毎年7月8〜10日の3日間は、例祭限定の御朱印が頂けます

みんなのクチコミ!!

毎年7月の例祭では天狗などが境内を練り歩きます(GEN)

DATA

羽幌神社

創建／1901年

本殿様式／神明造

住所／北海道羽幌町南大通6-1

電話／01646-2-1041

交通／JR留萌本線「留萌駅」から沿岸バス80分「南大通5丁目」下車徒歩3分

参拝時間／自由

御朱印授与時間／随時(不在時は書き置きのみ)

URL http://www.haborojinja.jp/

第三章 御利益別！ 今行きたい神社

Part 5

仕事・学業

受験やビジネスの成功、キャリアアップなど、あなたの夢を神様があと押し！新たな道を進むパワーを頂きましょう。

- ★仕事・学業★絶対行きたいオススメ神社 2選
- 三吉神社（札幌）／龍宮神社（道央）
- 大平山三吉神社・平岸天満宮（札幌）
- 札幌諏訪神社（札幌）
- 烈々布神社（札幌）／錦山天満宮（道央）
- 住吉神社（道央）
- 札幌八幡宮（道央）
- 栗山天満宮（道央）
- 北海道にはこんな神社もある！ キャラ系神社 2
  テレビ父さん神社（札幌）／本陣狸大明神社（札幌）

仕事◆学業　絶対行きたいオススメ神社 2選

神格高い2社をめぐりキャリアアップをかなえる

仕事の成功や出世の勝運を授けてくれる「三吉神社」はビジネスパーソンの強い味方。
「龍宮神社」は、勝負運を上昇させる昇り龍のエネルギーがみなぎっています。
学業や仕事の運気を上げたいなら、迷わず訪れるべき神社です。

絶対行きたい
オススメ神社 1

ビジネス成功に力強い味方

開拓の成功から始まり、商売繁盛、そして勝利や達成へと導いてくれます。

札幌市

三吉神社

【みよしじんじゃ】

札幌市中心部にある神社。早朝からスーツ姿のビジネスパーソンの姿が目立ちます。こちらは開拓期に秋田の太平山三吉神社の御分霊を奉斎したのが始まり。５柱の神様のうち、藤原三吉神は力や勝負の神、そして弱きを助ける神様として知られ、勝利成功・事業繁栄の御利益があるといわれています。商売繁盛の神様としてあがめられる金刀比羅宮も祀られています。

ビジネスパーソンは忘れずに参拝を
本殿横にある小さなお宮「出世稲荷神社」。立身出世を成し遂げた豊臣秀吉ゆかりの神社といわれています。

主祭神

大己貴神《オオナムチノカミ》　少彦名神《スクナヒコナノカミ》
藤原三吉神《フジワラミヨシノカミ》
金刀比羅宮《コトヒラグウ》　天満宮《テンマングウ》

ほかにも学業成就、合格などの御利益が……

墨書／奉拝、札幌三吉神社　印／社紋、藤原三吉神の姿、御祭神 藤原三吉神、札幌三吉神社　●力強い三吉神の姿が印象的。曲がったことが大嫌いで、弱きを助けて邪悪をくじく、心優しい神様です

墨書／奉拝、出世稲荷社　印／出世稲荷社、キツネ　●出世稲荷社の御朱印です。ほかに月替限定御朱印や一粒万倍日・天赦日・例大祭には限定の御朱印を頒布しています

お守り

「さんきちくんおまもり」。美術を学ぶ札幌市内の学生たちが考案したお祭りのキャラクターをお守りに

お守り

勝利成功へ導くとしてビジネスパーソンに人気の「勝守」

DATA
三吉神社
創建／明治11（1878）年
本殿様式／切妻造
住所／北海道札幌市中央区南1条西8-17
電話／011-251-3443
交通／札幌市電「西8丁目電停」から徒歩１分
参拝時間／自由
御朱印授与時間／9:00～17:00
URL https://miyoshi-sapporo.or.jp

＼神社の方からのメッセージ／

大通公園が近いので、「さっぽろ雪まつり」など大きなイベントがあると観光客の方もいらっしゃいます。また、学問の神様もお祀りしているので、受験生や資格取得を目指すビジネスマン、OLの方もよく参拝にいらっしゃいます。

札幌市民の間では「さんきちさん」と呼ばれ親しまれています。毎年5月に行われる例大祭では、ライブや子供相撲大会などを開催。近隣の住民はもちろん、近くで働く人たちも多く訪れ、たいそうなにぎわいを見せています。

絶対行きたい
オススメ神社 2

龍のパワーで仕事も勝負も大成功!

ここぞというときに成功をつかみたいなら参拝して人生の上昇気流に乗りましょう。

小樽市

龍宮神社

【りゅうぐうじんじゃ】

明治初期に、旧幕府軍の総大将であった榎本《えのもと》武揚《たけあき》公《こう》が建立しました。平成22(2010)年の「榎本武揚百年祭」に、明治政府軍の要人・大久保利通の子孫である麻生太郎氏が「100年目の仲直り」として参拝。その直後に内閣総理大臣に就任したことから、出世や勝運向上に、昇り龍のような勢いとパワーをもたらす神社として、今では地元の人だけでなく、全国の人々に崇拝されています。

主祭神

底津和田都美神《ソコツワダツミノカミ》　中津和田都美神《ナカツワダツミノカミ》

上津和田都美神《ウワツワダツミノカミ》

ほかにも海上安全、病気平癒などの御利益が……

神秘の木が開運や出世をあと押し

麻生太郎氏が参拝時に、直々に植樹した「オンコの木」。和名の「一位(イチイ)」が「ナンバーワン」に通じることからも、勝利をもたらす力を感じさせます。

墨書/奉拝、龍宮神社　印/龍宮神社、榎本武揚建立之社、小樽　●昇り龍のように人生の運気が上昇するようにと、パワーが込められた力強い筆さばき

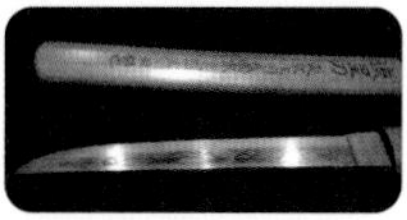

社宝の「流星刀」は、榎本武揚公が研究を重ね、隕石を材料にして作ったもの。学問成就や研究・事業成功に御利益があります

御朱印帳

木製の御朱印帳(2000円)には、運気龍昇と立身出世のモチーフとして「黒龍の龍神」と「流星刀」があしらわれています

みんなのクチコミ!!

木肌が龍のうろこのように見える「龍の御神木」からも、強い活力と気力が頂けるそうです(hina)

「本水晶開運招福御守」(1000円)は、心身の浄化や厄祓いの力をもつ水晶を、金銀の龍が抱いています

お守り

繁栄と成功を願う「金龍守」「銀龍守」(500円)はおみくじ付き

麻生太郎氏の正式参拝を記念して作られた、出世と開運の「昇龍吉守」(1000円)

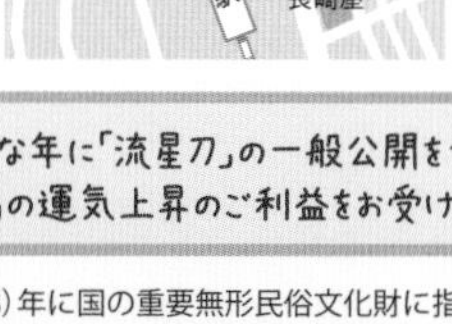

DATA

龍宮神社

創建/1876年
本殿様式/神明造
住所/北海道小樽市稲穂3-22-11
電話/0134-22-4268
交通/JR函館本線「小樽駅」から徒歩4分
参拝時間/8:30〜17:00
御朱印授与時間/8:30〜17:00
URL https://ryugujinja.jp

神社の方からのメッセージ

2026年は龍宮神社建立150年となります。この特別な年に「流星刀」の一般公開を予定しています。神秘的な力を持つ霊剣「流星刀」の霊力で、万事成就、立身出世、至高の運気上昇のご利益をお受けください。

神職によって受け継がれている「松前神楽」が、平成30(2018)年に国の重要無形民俗文化財に指定されました。一般の参拝者でも、演舞は祭事などの際に見ることができ、その格調高さに圧倒される人も多いのだとか。例大祭は毎年6月に行われます。

2社のWパワーで受験・就活を応援!

ふたつの社号をもち、ふたつの御朱印が頂ける御朱印ファンにはうれしい神社です。

札幌市

太平山三吉神社【たいへいざんみよしじんじゃ】
平岸天満宮【ひらぎしてんまんぐう】

自然豊かな天神山緑地に太宰府天満宮の御分霊を祀ったのが平岸天満宮の創祀です。その後、太平山三吉神社の分社と合祀したため、ふたつの名称をもつにいたりました。祭神は学問の神様と勝負の神様。強力パワーの2柱が受験や就活をバックアップ。入試や資格取得、昇進試験などにも力を授けていただけます。

舞楽が奉納される舞殿

春季例大祭では境内の舞殿にて、神社の雅楽部による舞楽が奉納されます。笙《しょう》や篳篥《ひちりき》、太鼓などの演奏に合わせて、陵王《りょうおう》・浦安舞《うらやすのまい》・其駒《そのこま》・還城楽《げんじょうらく》の舞が披露されます。

主祭神

三吉靈神《ミヨシノオオカミ》　菅原道真公《スガワラミチザネコウ》

ほかにも除災招福、商売繁盛などの御利益が……

お守り

「合格祈願守」(700円)は祈願を込めただるまのお守り

お守り

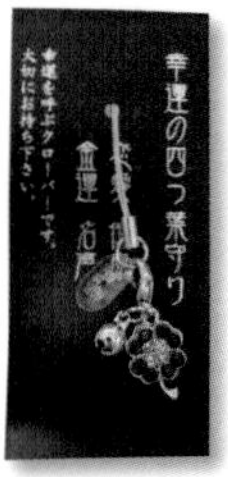

幸福を呼ぶクローバーがデザインされた「幸運の四つ葉守り」(600円)

みんなのクチコミ!!

天神山緑地は桜の名所。300本を超える桜はそれぞれ開花時期が異なるため長く楽しめます(ニイ)

墨書/奉拝、太平山三吉神社　印/太平山三吉神社　●秋田県に全国の三吉神社・太平山講の総本社があり、霊峰太平山の山頂に奥宮、秋田市広面に里宮が祀られています

墨書/奉拝、平岸天満宮　印/梅の神紋、平岸天満宮印　●平岸通りに立つ社号標は向かって右に太平山三吉神社、階段を挟んで左に平岸天満宮と刻まれています。拝殿の社号額も同様に両社の名前が併記されています

DATA
太平山三吉神社・平岸天満宮
創建/1982年
本殿様式/流造
住所/北海道札幌市豊平区平岸2条16-3-2
電話/011-841-3456
交通/地下鉄南北線「南平岸駅」から徒歩10分
参拝時間/自由
御朱印授与時間/10:00~16:00
URL なし

神社の方からのメッセージ

当社は、1932年のロサンゼルス五輪の陸上三段跳びで金メダルに輝いた南部忠平氏の父・源蔵氏が郷里である福岡県の太宰府天満宮の分霊をお祀りしたのが最初です。これ以降、一帯の緑地を天神山と呼ぶようになりました。

毎年5月の第3日曜に春の例大祭が行われ、舞殿にて舞楽のほか「平岸天神太鼓」による天神太鼓も奉納されます。「平岸天神太鼓」は郷土芸能を文化遺産として残すべく地元有志によって結成。地域のお祭りや催事に出演しています。

適職とのめぐりあいを強力サポート

仕事運アップで飛躍を遂げたいならここへ。就職活動などでライバルに勝つ力も頂けます。

札幌市

札幌諏訪神社【さっぽろすわじんじゃ】

総本社は、日本で最も古い神社のひとつとされる長野県の諏訪大社。御祭神は2柱とも、殖産の神ならびに戦の神として信仰され、厄除けや勝運向上の御神徳があります。コロナ禍により始まった花手水は、地元の方々の評判で広まり、今では観光客も訪れるようになりました。勝負事や仕事の縁を強く結びたいときには、ぜひ参拝しましょう。

参拝者の心を癒やす花手水

毎回神職がご自身で入れ替えているそうです。入れ替えのタイミングはインスタグラムで確認できます。

仕事◆学業

主祭神

建御名方之命《タケミナカタノミコト》　八坂刀賣之命《ヤサカトメノミコト》

ほかにも厄除け、縁結び、子授け、安産などの御利益が……

みんなのクチコミ!!

御祭神の2柱は夫婦神で、多くの御子神をもうけたことから、縁結びや子宝にも御加護があります（心愛）

墨書／奉拝、札幌諏訪神社　印／札幌市鎮座、梶の木の葉をデザインした社紋、札幌諏訪神社　●梶の木の葉は、諏訪を治めていた諏訪氏の家紋です。全国にある諏訪神社の神紋として使用されています

常時30種類以上もある「おみくじ」（100～500円）

大人気の「クリア御朱印」（500円）。ほかにも切り絵や刺繍バージョンなど、多彩な御朱印を頂けます

DATA

札幌諏訪神社

創建／1882年
本殿様式／神明造
住所／北海道札幌市東区北12条東1-1-10
電話／011-711-0960
交通／地下鉄東豊線「北13条東駅」から徒歩3分
参拝時間／自由
御朱印授与時間／9:00～17:00
URL https://www.sapporo-suwajinja.com

神社の方からのメッセージ

花手水は毎日行っております。おみくじや御朱印は月替わりなどさまざまな種類を用意しておりますので、ご自身のお気に入りを見つけてください。ご参拝お待ちしております。

札幌駅の近くという栄えた場所に鎮座しながらも、地元の方々に親しまれ、「お諏訪さん」や「お諏訪様」と呼ばれることもある神社です。毎年9月の例大祭では、子供神輿や奉納演芸、歌謡ショーなどでにぎやかな雰囲気に。

開運・必勝祈願はここへ

札幌市

烈々布神社

【れつれっぷじんじゃ】

御祭神は9柱の神々をお祀りしており、北海道内でも御祭神数の多い神社といわれています。御利益は、開運や縁結び、子授け、学業、仕事運など多岐にわたります。クチコミでは大開運神社と呼ばれており、市内はもちろん、北海道内や全国から多くの参拝者が訪れます。

お守り

「昇運守」（1500円）。毎月1日と9月14·15日の例祭日に限定頒布されます

お守り

女性に人気のオリジナルお守り「ちりめん桜守」（800円）

主祭神

天照大神《アマテラスオオミカミ》　大穴牟遲神《オオナムチノカミ》

少彦名神《スクナヒコナノカミ》　倉稲魂神《ウガノミタマノカミ》

埴安姫神《ハニヤスヒメノカミ》　誉田別尊《ホンダワケノミコト》

崇徳天皇《ストクテンノウ》　菅原道真公《スガワラミチザネコウ》

藤原三吉命《フジワラノミヨシノミコト》

墨書／奉拝、烈々布神社　印／烈々布神社、神紋、辰　●「烈々布」は、かつてこのあたり一帯の地名でしたが、現在はほとんど使われていません。アイヌ語から派生した地名といわれています

DATA

烈々布神社

創建／1889年

本殿様式／神明造

住所／北海道札幌市東区北42条東10-1

電話／011-711-9773

交通／地下鉄東豊線「栄町駅」から徒歩5分

参拝時間／9:00～17:30

御朱印授与時間／9:00～17:30

URL なし

天神様に試験合格と学力向上を願う

江別市

錦山天満宮

【にしきやまてんまんぐう】

建立時は「錦山神社」という名称で、野幌地域の鎮守として親しまれていました。昭和48（1973）年、福岡県の太宰府天満宮から、学問の神様として知られる菅《すが》原道真公《わらみちざねこう》の御分霊を奉斎。「錦山天満宮」に改名し、合格、学業成就、技芸上達などを願う人々の信仰を集めています。

1月に行われる「どんど焼き」では、1年間にわたって御守護いただいたお札やお守りを、御神火によって焼納していただきます

絵馬掛け所には、数多くの合格祈願の絵馬がかけられています。菅原道真公が、受験生から篤く信仰されていることを物語る風景です

主祭神

天照皇大神《アマテラススメオオカミ》　菅原道真公《スガワラミチザネコウ》

ほかにも交通安全、家内安全、厄除けなどの御利益が……

墨書／奉拝、錦山天満宮　印／奉祝、梅をデザインした社紋、錦山天満宮、神社キャラクター　●境内には、福岡県・太宰府天満宮より梅の苗木を賜ったことをきっかけに、梅園が造成されました。例年の見頃は5月中旬頃

DATA

錦山天満宮

創建／1889年

本殿様式／神明造

住所／北海道江別市野幌代々木町38-1

電話／011-383-2467

交通／JR函館本線「野幌駅」から徒歩8分

参拝時間／自由

御朱印授与時間／9:00～17:00

URL http://www.nishikiyama.or.jp/

みんなのクチコミ!!

社殿の基礎部分は、江別市特産のれんがを使用しています（ゆいQ）

事業・商売繁盛への道を切り開く

御祭神は和歌の神様でもあるため、言葉や声に関わる仕事の人にもオススメ。

小樽市

住吉神社【すみよしじんじゃ】

平成30（2018）年に創建150年という節目の年を迎えた際、境内改修・社殿改築工事が行われました。今まで以上に美しく、お参りしやすい神社になり、参拝客が増えているのだとか。主祭神の3柱は産業の神様としても知られ、商売運、事業運などの御利益が有名。穢れを祓い、目標に前進する力を頂けます。

88段の階段を上がって神聖な本殿へ

88段の立派な参道石段。「ここを健康な体で上がって参拝できることも幸せのひとつ」と、神恩感謝の気持ちの象徴と捉えている参拝客も多いそうです。

主祭神

底筒男神《ソコツツノオノカミ》　中筒男神《ナカツツノオノカミ》

表筒男神《ウワツツノオノカミ》　息長帯姫命《オキナガタラシヒメノミコト》

ほかにも安産、病気平癒、家内安全、交通安全などの御利益が……

みんなのクチコミ!!

行事や祭典が豊富な神社なので、いつもにぎわっています（みおば）

美しい拝殿は神前結婚式の場所としてもカップルに人気です

墨書／奉拝、小樽総鎮守、住吉神社　印／住吉神社

●神力が込められた石で作られた印が押してあります。小樽市民に最も親しまれている神社のひとつで、夏や秋のお祭りにはいつも多くの人が集まります

お守り

出世街道へとあと押ししてくれる「立身起道守」（1000円）

お守り

災いを防ぎ、吉方恵方に運気を開く「八方除御守」（1000円）

DATA

住吉神社

創建／1868年
本殿様式／住吉造
住所／北海道小樽市住ノ江2-5-1
電話／0134-23-0785
交通／JR函館本線「南小樽駅」から徒歩8分
参拝時間／4～9月6:00～16:30、10～3月7:00～16:00
御朱印授与時間／9:00～17:00
URL http://www.otarusumiyoshijinja.or.jp/

＼神社の方からのメッセージ／

毎年7月14日に宵宮祭、15日に例大祭本祭、16日に遷御祭が行われます。15日の例大祭本祭では、百貫神輿が宮出しされ約200名もの神輿会の方々に担がれ、全市的に盛り上がります。ぜひ皆様もいらしてください。

御祭神は禊祓の神様で、人の罪や穢れを祓い、清めてくださる力があります。そのため、厄除けのお祓いを受けに訪れる人も大勢います。厄年や、自分の生まれ年が九星気学において八方ふさがりに該当する年などにお参りするのもオススメです。

北広島市

札幌八幡宮【さっぽろはちまんぐう】

「ナマラウカル」で、絶対合格

学業の神様の力で御利益倍増。厄割玉を投げてモヤモヤもスッキリ。

学問の神様として参拝者の多い神社です。全国でもとても珍しい学業の神様・菅原道真《すがわらみちざね》公《こう》の御神立像をお祀りしており、道内外の各地から高校や大学受験のほか、国家資格や昇進試験を控えた多くの参拝者が訪れます。

受験や仕事運に強力な効果を発揮するお守りを身につけ、祭神よりお力を頂きましょう。

奉納した絵馬を大切に保管

感謝の言葉と誓いの言葉を記した感謝絵馬は、30年間絵馬堂にて保管されます。次の参拝の折、自分の絵馬を見て、初心を振り返ることができます

主祭神

八幡大神《ハチマンオオカミ》　菅原道真公《スガワラミチザネコウ》

秋葉大権現《アキバダイゴンゲン》　梅の宮大神《ウメノミヤオオカミ》

金刀比羅大神《コトヒラオオカミ》

ほかにも勝運向上、商売繁盛、安産などの御利益が……

絵馬

感謝絵馬（500円）。裏に神様へのお願いごとやお礼を書き奉納しましょう

授与品

お守り、ダルマ、絵馬、神矢、道真公の姿神符、鉛筆がセットになった「合格セット」（3000円）。大人気の授与品です

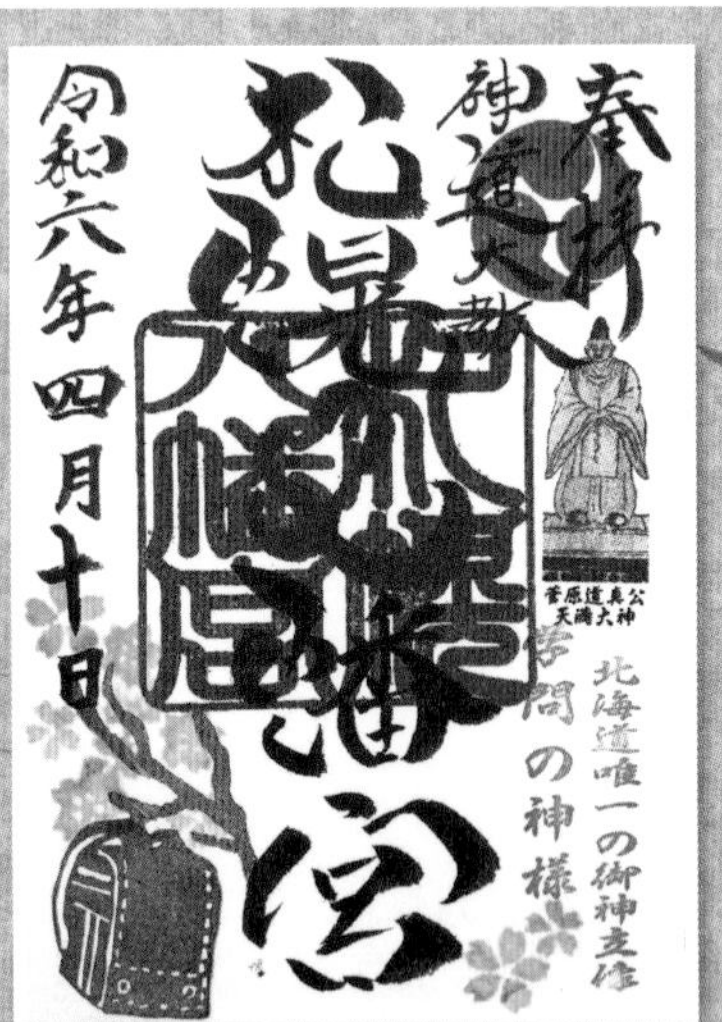

墨書／奉拝、神道大教 札幌八幡宮　印／社紋、札幌八幡宮、北海道唯一の御神立像、学問の神様、ランドセル、桜　●「札幌八幡宮」の印が大きくて印象的です

DATA

札幌八幡宮

創建／1977年

本殿様式／神殿造

住所／北海道北広島市輪厚中央5-3-16

電話／011-377-3288

交通／地下鉄東豊線「福住駅」から北海道中央バス30分「輪厚」下車徒歩1分

参拝時間／自由

御朱印授与時間／9:00~17:00

URL http://www.hachimangu.com/

神社の方からのメッセージ

花の鉢植えを飾り、境内を明るくするように心がけています。たくさんの人たちの心のよりどころとなるべく、もっと神社に親しみをもってもらえるよう、ほかの神社とは違う新しい取り組みにどんどん挑戦しています。

思い入れのある、壊れた人形や古くなったぬいぐるみなどの処分に困った際は、3月に執り行われる「人形供養祭」にて、お焚き上げをし、供養して頂きましょう。

試験前に祈れば努力が報われる！

菅原道真公の知力や意志の強さにあやかって難事を乗り越えたいときにはぜひ参拝を。

栗山町

栗山天満宮

【くりやまてんまんぐう】

昔は「栗山神社」という名称で、福岡県の太宰府天満宮の御分霊を奉祀し、菅原道真公《すがわらみちざねこう》を御祭神としたことをきっかけに「栗山天満宮」に改称。類まれなる学才の持ち主であった菅原道真公からは、受験合格、学力向上、勝運上昇などの御神徳を頂けます。試験を控えた人は、十分に準備したあとで参拝しましょう。きっと神様がパワーを与えてくださいます。

勇壮な神輿が練り歩く盛大な例大祭

毎年9月24～26日の例大祭は、道内最大級の規模。20万人を超える参拝客でにぎわいます。ぜひお参りして御神力を頂きましょう

主祭神

菅原道真公《スガワラノミチザネコウ》

ほかにも厄除け、子授け、安産などの御利益が……

みんなのクチコミ!!

日本ハムファイターズの栗山監督(当時)が祈願に訪れて優勝を果たしたことから、必勝の御利益も話題に(ひまり)

墨書／奉拝、栗山天満宮　印／梅鉢紋の社紋、栗山天満宮　●御祭神である菅原道真公が、こよなく愛したといわれる梅の花。それをもとにデザインされた「梅鉢紋」が御朱印のいちばん上に押印してあります

お守り

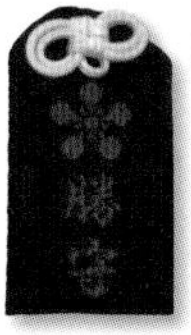

冬の厳しい寒さに打ち勝つ梅の花を配した「勝守」(700円)

お守り

「仕事守」(1000円)は、あらゆる仕事運をサポート

お守り

持ち歩けばきっと桜咲く「受験合格御守」(700円)

御朱印帳

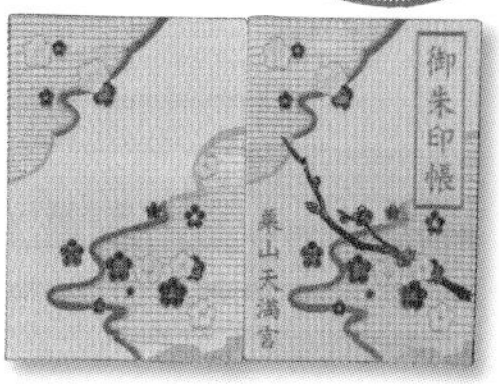

うぐいす色の御朱印帳(1500円)には梅の木や花があしらわれています

DATA

栗山天満宮

創建／1891年
本殿様式／流造
住所／北海道栗山町桜丘2-32
電話／0123-72-1370
交通／JR室蘭本線「栗山駅」から徒歩10分
参拝時間／9:00～17:00
御朱印授与時間／9:00～17:00
URL https://www.kuriyama-tenmangu.com/

神社の方からのメッセージ

近年では受験合格以外に「参拝後に子供を授かった」「お産が軽く済んだ」などの声も多く寄せられています。多種多様な願いに応じて御祈祷を行いますので、御参拝をお待ちしております。例大祭にもぜひお越しください。

年末年始に受験生を対象に行われる合格祈願祭では、「合格」にちなんだ五角形のアーチをくぐって神社に向かい、和太鼓を打ち鳴らして、みんなで合格を祈願します。北海道の受験生たちと、その保護者の方々の頼もしい味方といえる神社です。

北海道には こんな神社もある！ キャラ系神社 2

宮司さんがいる神社ではないけれど、北海道にある巷でウワサの神社をご紹介します。

神社があるのは地上90.3mの展望台！

神社の造りは伊勢神宮をイメージした神明造ですが、狛犬部分はテレビ父さんとテレビ母さんになっています

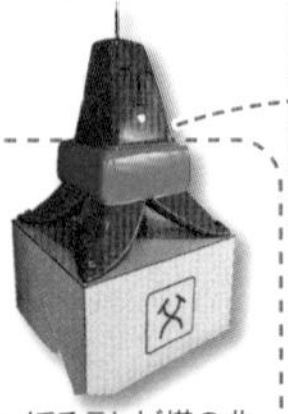

さっぽろテレビ塔の非公式キャラクター「テレビ父さん」

吽像の位置にいるのはいつもニコニコ「テレビ母さん」

「テレビ父さんおみくじ」（1回200円）。凶を引いたら非売品の「テレビ父さんお守り」がもらえます

展望台からは眼下に見える大通公園など、札幌市街を一望。神社は北海道神宮の方角を向いています！

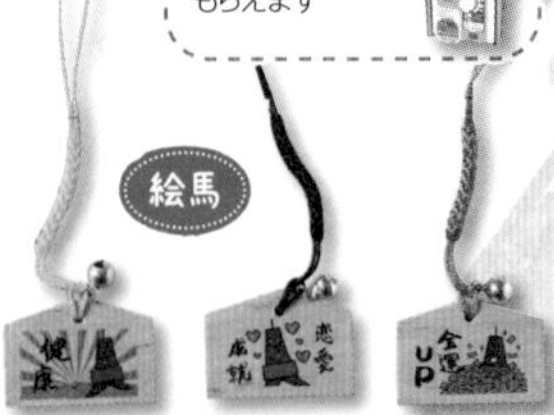

御利益ごとに選べる「テレビ父さんのミニ絵馬」

札幌のランドマークにある神社
テレビ父さん神社

さっぽろテレビ塔の最上階にある展望台に設置された神社。恋愛成就、家内安全、健康祈願、商売繁盛と、たくさんの願いをかなえてくれるパワースポットです。狛犬父さんと狛犬母さんのアンテナをなでながら祈願しましょう。さまざまなお守りも揃っています。

DATA→P.45

水かけ狸地蔵には八徳がある！
【ほんじんたぬきだいみょうじんじゃ】
本陣狸大明神社

北海道最古の商店街のひとつ、狸小路商店街。100周年の際に記念して作られたのが、通称「狸神社」です。祀られている狸には、「おなかをなでると安産」「大福帳に触れると信用を高め名声を得る」など８つの徳があるそう。

DATA
施設名／本陣狸大明神社
電話／011-241-5125（札幌狸小路商店街振興組合）
住所／北海道札幌市中央区南2西5（狸小路5）
見学時間／自由

狸に触れると8つの徳が頂ける

八徳を頂ける部位はこちら→頭:学業、目鼻:合格・就職、肩～胸:恋愛、腹:安産、大福帳:信用名声、杖:厄除け、腹の下:金運、しっぽ:回春旺盛

神社があるのは狸小路商店街の5丁目。ロングアーケードの商店街はいつも多くの人でにぎわっています

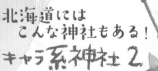

第三章

御利益別！ 今行きたい神社

Part 6

レア御利益

ペットの健康、音楽などの技芸上達、登山安全など、珍しい御利益を頂ける神社をご紹介。自分の悩みや願いに合った神様を見つけて、まずは参拝を！

- ★レア御利益★絶対行きたいオススメ神社 2選
  札幌村神社（札幌）／厳島神社（道東・オホーツク）
- 倶知安神社（道央）
- 千歳神社（道央）／福島大神宮（道南）
- 亀田八幡宮（道南）
- 中富良野神社（道北）／江部乙神社（道北）
- 留萌神社（道北）
- ウェブで取り寄せも可能 カラフル御朱印
  金吾龍神社（道央・東京）

✿レア御利益✿ 絶対行きたいオススメ神社 2選

今必要なパワーを授けてくれる神社にGO!

自分の悩みや願いにピタッとくる神様を見つけたいという人におすすめの神社をご紹介。
開拓神のパワー絶大な「札幌村神社」や、美貌の女神が悩める女子を応援してくれる「厳島神社」。
どちらも人生を好転させるレアな御利益が頂ける、とっておきの神社です。

足が不自由な方にも優しい境内

駅から近く、境内は段差が少ない形状になっているため、足の不自由な方も移動がしやすく、車椅子の方も参拝に多く訪れています。また、境内鳥居前の狛犬は容姿とスタイルのバランスがよいと狛犬ファンから人気です。

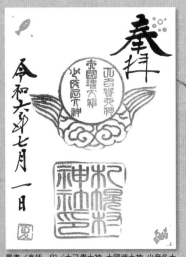

墨書／奉拝　印／大己貴大神、大國魂大神、少彦名大神、札幌村神社印、夏　●当初は社名を札幌神社とする予定でしたが、北海道神宮が当時その名称であったため許可が下りず、「村」を加えたと伝えられています

絶対行きたいオススメ神社 1

医療・医薬の神様に健康祈願

御祭神は大きなパワーをもつ3柱の開拓神。安産や病気平癒を願い多くの人が訪れます。

札幌市

札幌村神社【さっぽろむらじんじゃ】

祭神は開拓に挑む人々の守護神としてあがめられていた「開拓三神」と呼ばれる3柱の神々。新しいことにチャレンジしたいときに訪れれば、困難を乗り越える力を授けていただけるはず。医療・医薬の神様も祀られていることから、無病息災の御利益もある神社です。健康祈願はもちろん、医学部や薬学部の受験生も参拝してパワーを頂きましょう。

スタイル抜群です

主祭神

大国魂大神《オオクニタマノオオカミ》　大己貴大神《オオナムチノオオカミ》
少彦名大神《スクナヒコナノオオカミ》

ほかにも子授安産、病気平癒、大願成就などの御利益が……

みんなのクチコミ!!

2月3日の節分祭は豆まきで厄祓い。おいしい甘酒が振る舞われますよ(ぽー)

お守り

病気やけがなどの平癒を祈る「平癒御守」(1000円)

母子ともに健康であるように祈願した「子授安産御守」(1000円)

絵馬

「檜山神楽」を図柄にした絵馬(600円)。獅子と烏天狗の神楽舞が描かれています

DATA
札幌村神社
創建／1899年
本殿様式／神明造
住所／北海道札幌市東区北16条東14-3-1
電話／011-741-7789
交通／地下鉄東豊線「環状通東駅」から徒歩3分
参拝時間／自由
御朱印授与時間／9:00～17:00
URL https://twitter.com/sapporomura161

＼神社の方からのメッセージ／

当社の例祭では欠かさず「檜山神楽(ひやまかぐら)」を奉奏し、伝承される舞を再現しております。絵馬に描かれているのは神楽舞の内の一演目「テンカラコ」という舞の手です。参拝の方々もお祭りを神様と一緒に楽しんでおります。

北海道檜山地方に伝わる「檜山神楽」は、中世に本州より伝えられ、有名な「松前神楽」よりも古い歴史をもつ祈祷神楽です。現在では地元の檜山地方でも奉奏できる神社はごくわずかという貴重なものです。

絶対行きたい
オススメ神社 2

超絶キュートなマンスリー御朱印

一度として同じデザインのものはない
月替わりの御朱印は無敵のかわいらしさ。

釧路市

厳島神社
【いつくしまじんじゃ】

江戸時代から続く釧路の一之宮として、古くから「弁天さん」の愛称で親しまれてきた神社です。祭神は財福、技芸上達の神様として名高く、才能や魅力を開花させる力を授けていただけます。御朱印ファンの間では、弁財さまのキュートなイラストが話題になっています。月ごとに替わるカラフルでかわいい限定御朱印（↓P.12）を求めて、全国から参拝者が訪れます。

主祭神
イチキシマヒメノミコト
市杵島姫命

ほかにも海上安全、大漁満足、商売繁盛、厄除け、方災除、家内安全、病気平癒などの御利益が……

限定公開の薬師仏に健康を祈願

道東で唯一、北海道指定文化財の「円空仏」を保存しており、重陽の節句である毎年9月9日に、健康祈願祭の参列者にのみ限定で公開しています。

本殿にある「撫で獅子」をなでると厄除け・健康祈願の御利益があるといわれています

御朱印帳

表面は神使である鹿と御本殿、裏面には幣《ぬさ》舞橋《まいばし》の夕日が描かれています(2000円)

みんなのクチコミ!!

境内には金運アップの御利益がある「白蛇石」があります（まお）

墨書／奉拝、釧路國一之宮、厳島神社　印／三盛亀甲花菱の神紋、厳島神社　●釧路湿原を切り絵で表した豪華な御朱印（2000円）です。切り絵御朱印はこちらと円空金色の2種類あります

お守り

願いを書き入れ祈願する「弁天願いだるま」（2000円）

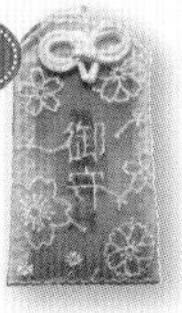

心に秘めた願いをかなえるレース編みのお守り「願い身守」（1000円）

DATA

厳島神社

創建／1805年
本殿様式／神明造
住所／北海道釧路市米町1-3-18
電話／0154-41-4485
交通／JR根室本線「釧路駅」からくしろバス7分「米町公園前」下車徒歩3分
参拝時間／9:00～17:00
御朱印授与時間／9:00～17:00
URL http://kushiro-itsukushimajinja.com/

神社の方からのメッセージ

月ごとに替わる御朱印を毎月集めている参拝客の方も多くいらっしゃいます。御朱印帳を開くたび、訪れた日の季節が思い起こされるとよいなと思いながら1枚1枚手描きしております。

毎年7月第2週の金・土・日曜に「くしろ祭り」とも呼ばれる厳島神社例大祭が行われます。境内は各種イベントの開催や屋台の出店があり、おおいににぎわいます。このお祭りを皮切りに釧路の短い夏が始まります。

霊峰・羊蹄山に登山安全を祈願

飛鳥時代の将軍が最強無敵なパワーを呼ぶ。
成績アップや仕事運向上を後押し！

倶知安町

倶知安神社【くっちゃんじんじゃ】

主祭神は戦勝の守護神と北海道開祖神。勇猛果敢な神様から困難に負けない強い力が頂けます。神社向かいに見える羊蹄山《ようていざん》は、富士山に似た姿から「蝦夷富士」とも呼ばれ、日本百名山のひとつに数えられる名山。境内に羊蹄山神社も祀られていることから、登山安全の祈願に訪れる人が後を絶ちません。

主祭神

誉田別尊《ホンダワケノミコト》　阿倍比羅夫将軍《アベノヒラフショウグン》

ほかにも勝負運、技芸上達、商売繁盛、開運、厄除けなどの御利益が……

みんなのクチコミ!!

手水は羊蹄山の麓から流れ出る水を使用しているそうです（みー）

伝統ある民俗伝承のひとつ

7月27～29日に執り行われる例大祭では、町内の小中学生らが町の無形民俗文化財の踊り「赤坂奴」を踊り、神輿とともに町内を練り歩きます。

墨書／奉拝、蝦夷富士一の宮、倶知安神社　印／左三つ巴の神紋、倶知安神社之印　●創建時は「八幡神社」でしたが、昭和27（1952）年に「倶知安八幡神社」に改称。昭和41（1966）年に現在の社名となりました

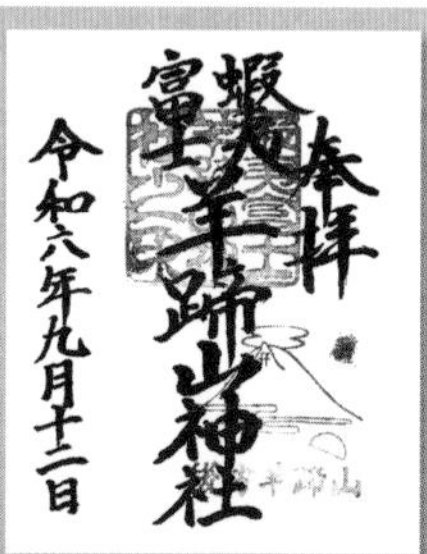

墨書／奉拝、蝦夷富士羊蹄山神社　印／蝦夷富士羊蹄山神社之印、後方羊蹄山　●境内末社の羊蹄山神社で頂ける御朱印です

御朱印帳

「後志（しりべし）」の名付け親である松浦武四郎が描いた北海道地図をイメージした御朱印帳（2000円）

お守り

スポーツ、就職、試験などすべての勝負事に御利益がある「比羅夫守」（1000円）

DATA

倶知安神社

創建／1896年
本殿様式／流造
住所／北海道倶知安町八幡476
電話／0136-22-0666
交通／JR函館本線「倶知安駅」から道南バス8分「倶知安神社前」下車徒歩3分
参拝時間／自由
御朱印授与時間／6:00～20:00
URL https://ja-jp.facebook.com/kutchanjinjya/

神社の方からのメッセージ

当神社は『日本書紀』にも記載されている阿倍比羅夫将軍をお祀りしています。崇拝する多くの方々をその強いパワーでお守りくださるに違いないでしょう。

家内安全や豊漁祈願、疾病退散などを祈願する松前神楽は国指定の重要無形民俗文化財です。渡島・後志地方を中心に日本海沿岸各地で見ることができますが、神社の例大祭でも披露されます。

商売の願いをかなえる食と水の神様

千歳市

千歳神社

【ちとせじんじゃ】

生命の源となる食と水を司る2柱の女神が祭神です。五穀豊穣、商売繁盛の御利益があり、農業や漁業、飲食業に関わる人はぜひとも参拝したい神社です。手水は幸福をもたらす御神水として有名な「幸井《さちい》の水」と呼ばれる支笏湖の伏流水。お清めをしてパワーを頂きましょう。

主祭神

豊宇気比売神《トヨウケヒメノカミ》　伊智伎志摩比売神《イチキシマヒメノカミ》

ほかにも海上安全などの御利益が……

墨書／奉拝、千歳神社　印／鶴、左三つ巴の神紋、北海道千歳市鎮座、千歳神社　●千歳の語源は「鶴は千年」の故事にちなんだものとされています。御朱印には千歳を象徴する美しい鶴の印が押されています

絵馬

飛翔する鶴が描かれた美しい絵馬（500円）

お守り

仕事での成果を祈願された「開運仕事守」（1000円）

DATA

千歳神社

創建／1658年
本殿様式／神明造
住所／北海道千歳市真町1
電話／0123-23-2542
交通／JR千歳線「千歳駅」から徒歩18分
参拝時間／8:30～17:00
御朱印授与時間／8:30～17:00
URL https://chitosejinja.or.jp/

みんなのクチコミ!!

「幸井の水」はお水取りできます。ペットボトルを要持参（けだま）

未来を切り開く勇気をチャージ

福島町

福島大神宮

【ふくしまだいじんぐう】

境内で目を引くのは幹が8本に分かれた樹齢約400年の御神木「八鉾杉《はちほこすぎ》」。雷で裂けた木が八つの幹となりよみがえったと伝えられ、威風堂々たる姿にパワーを感じます。祭神は未来を切り開く力を授ける女神。心に迷いがあるときに一歩踏み出す勇気を与えてくれます。

主祭神

天照皇大神《アマテラススメオオカミ》　豊受大神《トヨウケノオオカミ》

ほかにも縁結び、厄除け、交通安全などの御利益が……

墨書／奉拝、福島大神宮　印／福島大神宮、福島大神宮参拝記念　●神社が鎮座するのは、名横綱を輩出した相撲が盛んな地です。境内にある鏡山公園には立派な土俵があり、相撲元祖の神様の像も安置されています

お守り

力士がデザインされた「身体健固御守」（500円）

境内社の川濯《かわそ》神社の御神木である「乳房桧」。お参りすると母乳の出がよくなるといわれています

DATA

福島大神宮

創建／不明
本殿様式／神明造
住所／北海道福島町福島219
電話／0139-47-2062
交通／JR・道南いさりび鉄道「木古内駅」から函館バス50分「福島」下車徒歩5分
参拝時間／自由
御朱印授与時間／9:00～17:00
URL https://ja-jp.facebook.com/fukushimadaijingu/

みんなのクチコミ!!

毎年、母の日に「女だけの相撲大会」を開催（ナナ）

勝利をつかむパワーを授かる!

歴史の舞台にもなった由緒ある神社です。
絶対負けられない戦いの前には、ぜひ参拝を!

函館市

亀田八幡宮

【かめだはちまんぐう】

函館最古の貴重な木造建築

現在は神輿殿として使われている旧拝殿は、現存する木造の建築物では函館最古となる貴重なもの。龍と獅子の見事な彫刻が施されています。

室町時代・明徳元（１３９０）年の創祀とされる北海道有数の古社。戊辰戦争終結の地としても有名で、旧拝殿の羽目板には砲弾の痕が残されており、幕末歴史ファンも多く訪れています。祭神は勝利達成の守護神として、名だたる武将たちが篤く信仰した武運の神様。ここぞというときに勝ち抜くパワーを授けていただきましょう。

主祭神

誉田別命《ホンダワケノミコト》

ほかにも家内安全、商売繁盛、厄除け、合格祈願、交通安全などの御利益が……

みんなのクチコミ!!

「亀八」の通称で地元に愛されている神社です。近くには観光スポットの「五稜郭タワー」や「五稜郭公園」があります（宙）

墨書／奉拝、亀田八幡宮　印／亀田八幡宮　●こちらの神社は江戸時代には松前藩の祈願所に定められていました。慶長8（1603）年に本殿と拝殿が建立された記録が残されています

明治20（1847）年に建立された大鳥居。松前藩の箱館奉行であった工藤茂五郎により奉納されました

お守り

左三つ巴の神紋が配された上品なお守り（600円）

DATA

亀田八幡宮

創建／1390年
本殿様式／流権現造
住所／北海道函館市八幡町3-2
電話／0138-41-5467
交通／JR函館本線「函館駅」・函館市電「函館駅前電停」から車10分
参拝時間／自由
御朱印授与時間／8:30〜17:00
URL https://facebook.com/kamedahachimangu

神社の方からのメッセージ

当社の旧拝殿に残されている弾痕は箱館戦争によるもので、明治2（1869）年5月15日境内も戦場となりました。同月17日に旧幕府軍と新政府軍が会見し、戊辰戦争は終結。亀田八幡宮の神前にて降伏の誓約が行われました。

毎年9月14〜16日に例大祭が開催されます。祭典では松前神楽が奉納され、神輿の渡御も行われます。函館市内の神社のお祭りでは、露店の種類と出店数が最大規模といわれており、3日間とも多くの人でにぎわいます。

看板犬がモデルの愛らしい御朱印

中富良野町

中富良野神社【なかふらのじんじゃ】

見晴らしのよい高台に鎮座し、富良野盆地が一望できる神社です。神社で飼われている柴犬をモデルにした御朱印は、犬好きでなくとも欲しくなる愛らしさ。ペットの安全と健康を祈願した「ペットのお守り」はチャームのように首輪に付けられ、キュートなデザインが人気です。

墨書／奉拝、中富良野神社　印／中富良野神社、柴犬　●手彫りの柴犬の印が押されています。稲荷社の御朱印もあります

お守り

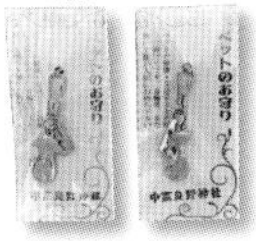

犬と猫をデザインした「ペットのお守り」（800円）は首輪に付けられます

お守り

悪い縁を断ち良縁を結ぶ「縁切り幸守り」（1000円）

春には境内のエゾヤマザクラが一斉に開花します

主祭神

天照大神《アマテラスオオミカミ》　大国魂神《オオクニタマノカミ》

少彦名神《スクナヒコナノカミ》

ほかにも五穀豊穣、家内安全、災厄除けなどの御利益が……

DATA

中富良野神社

創建／1901年

本殿様式／神明造

住所／北海道中富良野町宮町2-13

電話／0167-44-2612

交通／JR富良野線「中富良野駅」から徒歩15分

参拝時間／9:00～17:00

御朱印授与時間／9:00～17:00

URL なし

みんなのクチコミ!!

「ファーム富田」など有名観光地が近い！（音）

笑う狛犬に癒やされて開運招福！

滝川市

江部乙神社【えべおつじんじゃ】

参道を進むと愛嬌たっぷりに笑う狛犬が出迎えてくれる神社です。この笑顔が運と福を呼び込むと人気の狛犬は、吽形《うんぎょう》がオス、阿形《あぎょう》がメスと全国でも珍しく雌雄別に作られていて、吽形には立派なシンボルも！　男女のペアであることから、縁結びや夫婦円満にも力を頂けます。

墨書／奉拝、江部乙神社　印／江部乙神社御璽、吽形狛犬、阿形狛犬　●入植した屯田兵とその家族によって創祀されました。江部乙町の鎮守として地元の人々の信仰を集めています

お守り

吽形がデザインされた「真願成就守」（800円）。白・水色の2色から選べます

阿形がデザインされた「開運招守」（800円）。黄・赤・紫・黒・青・緑・桃の7色

にぱ～と口を開けて笑う阿形（左）と優しくほほ笑む吽形（右）の狛犬。この笑顔に合いに多くの参拝客が訪れます

主祭神

天照大神《アマテラスオオミカミ》　大国主神《オオクニヌシノカミ》

ほかにも縁結びなどの御利益が……

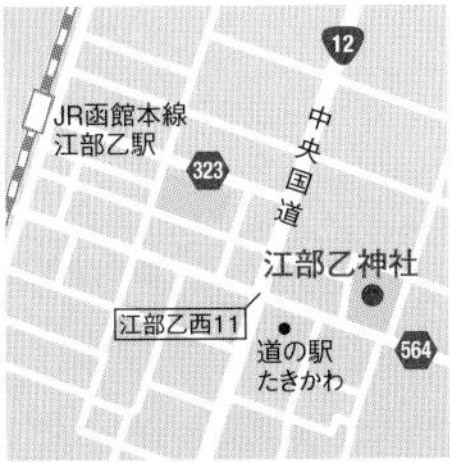

DATA

江部乙神社

創建／1894年

本殿様式／神明造

住所／北海道滝川市江部乙町東12-1-24

電話／0125-75-2022

交通／JR函館本線「江部乙駅」から徒歩15分

参拝時間／自由

御朱印授与時間／8:00～19:00

URL なし

みんなのクチコミ!!

手水に花や紅葉が浮かべてあり、細やかな心配りを感じます（ティモ）

音楽や技芸上達を目指すならここ!

地元を音楽の街として盛り上げようと街も神社も一致団結しています。

留萌市

留萌神社

【るもいじんじゃ】

御祭神の市杵島姫命《いちきしまひめのみこと》は海の神様で、海上安全や金運などの御利益があるほか、芸能の神様でもあります。留萌は水産の街として有名ですが、音楽の街としても知られるように。作曲家の森田公一氏らを輩出しているほか、近年では音楽合宿を誘致し、若き音楽家が練習に励んでいます。そこで、神社では音楽にまつわる授与品を多く授与しています。

主祭神

市杵島姫命《イチキシマヒメノミコト》

ほかにも商売繁盛、交通安全などの御利益が……

みんなのクチコミ!!

手ぬぐいは神輿会の会長がデザインしたそうです。真ん中あたりに雅楽器があるのが神社らしい!(メロ)

素朴なかわいさの印に思わずにっこり

御朱印に押していただける印は季節ごとに異なり、バリエーション豊かです。右上のハートのような形の印は留萌市の地形をイメージしています。

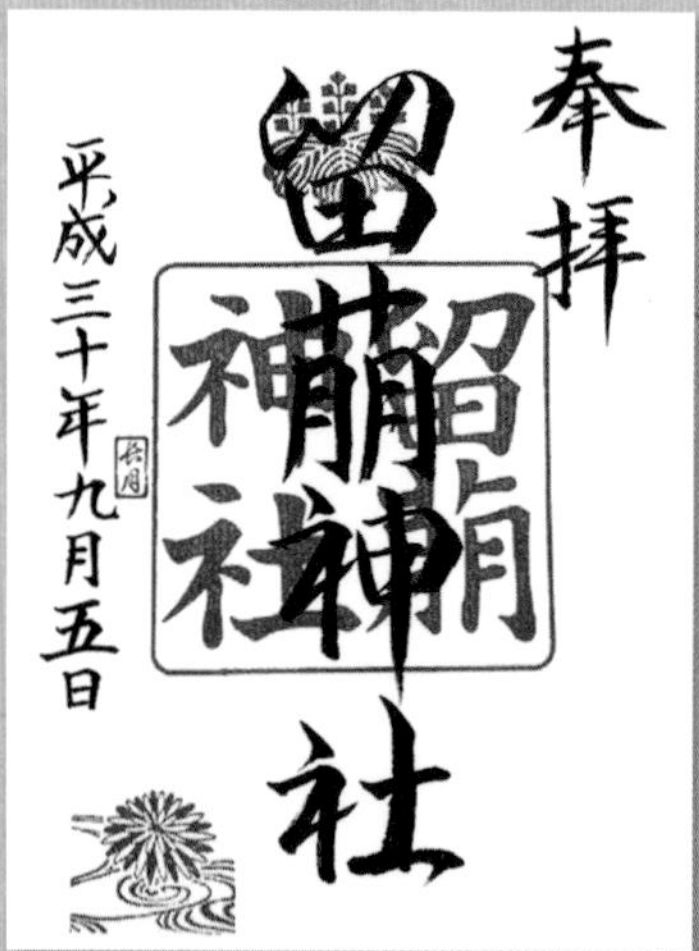

墨書／奉拝、留萌神社　印／社紋、留萌神社、長月、菊●どんぐり、風鈴など、印は季節で異なります。留萌市の地形がハートに近いので、若い女性には季節の印の代わりにそちらを押してくれることもあります

お守り

努力が実を結び、実力を発揮できるようにと祈願。楽器がかわいらしい「音楽守」(500円)

お守り

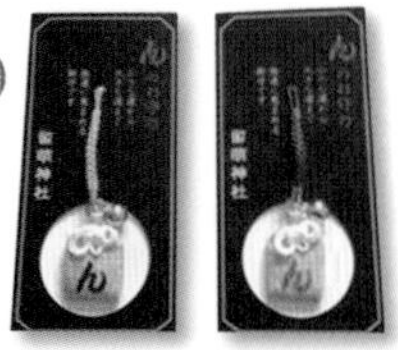

小さな運から大きな運まで……。強運に恵まれる「んのお守り」(500円)

授与品

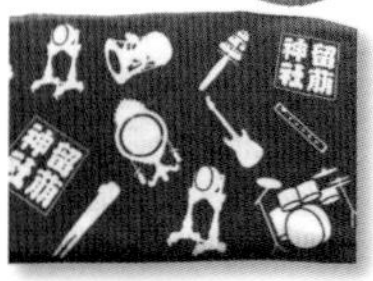

音楽の街らしい絵柄の手ぬぐい(800円)。色違いでブルーもあります

DATA

留萌神社

創建／1786年
本殿様式／神明造
住所／北海道留萌市宮園町4-16
電話／0164-42-0611
交通／JR留萌本線「留萌駅」から徒歩15分
参拝時間／9:00～17:00
御朱印授与時間／9:00～17:00
URL なし

神社の方からのメッセージ

地元の青年会議所が音楽合宿誘致に取り組んでいるので、神社でも応援したいと考えて「音楽守」を奉製しました。市杵島姫命は芸能の神様でもありますので、皆さんの技芸が上達するようにお祈りしております。

御朱印の印は季節によって変わりますが、そのほか節句に合わせて、3月3日は「ぼんぼり・桜」、5月5日は「鯉」、7月7日は「風鈴」、9月9日は「菊」となるそう。各節句の1週間前から当日まで押してくれます。

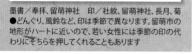

ウェブで取り寄せも可能

カラフル御朱印

御朱印は通常神社に参拝して頂くものですが、インターネットで申し込み、郵送で授与していただける珍しい神社もあります。ちょっと特殊な神社のユニークな御朱印を紹介します。

龍神様がパワーを与えてくれる

【きんごりゅうじんじゃ】

金吾龍神社

主祭神
大元尊神《ダイゲンソンシン》

北海道小樽市と余市町の境界である神域のフゴッペ岬の付け根に鎮座する神社です。縄文時代からの信仰が伝承として残るパワースポットで、太古の龍神様が祀られています。御利益は病気平癒や金運アップ、開運厄除けなどがあり、龍神様のパワーを頂きたいと願う参拝者が多く訪れます。

DATA
創建／不明
住所／北海道小樽市蘭島1-21-24
交通／JR函館本線「蘭島駅」から徒歩5分
参拝時間／9:00～17:00
御朱印授与時間／東京本宮（予約制、ページ下記参照）またはインターネットで申し込み ※御本社（小樽市の金吾龍神社）では御朱印の授与はできません。
URL https://www.kingoryujin.shop/

奥宮に自然信仰の神である龍神様が祀られています

通常

墨書／奉拝、金吾龍神社、龍神　印／左三つ巴の神紋、金吾龍神　●宮司自ら手描きする龍神様のイラストが印象的な御朱印です。のびやかな筆使いにパワーを感じます。行事や宮司の都合により書き置きとなる場合もあります

インパクト大！限定御朱印

五龍神降臨（透明版）

墨書／金吾龍神社　印／左三つ巴の神紋、金吾龍神　●透明な薄いプラスチック製で、天にかざせば大空を舞う五色の龍神が現われます

飛び出す龍神様

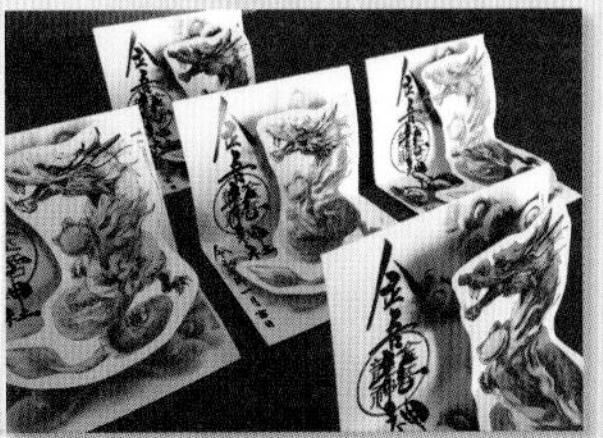

墨書／金吾龍神社　印／金吾龍神
●龍神が飛び出す「しかけ」つき立体御朱印。金、青、赤、白、黒の5色から選べます

伸びる五色龍

墨書／奉拝、金吾龍神社　印／金吾龍神　●基本の「2面」御朱印（頭と尾）に、御祭神御朱印（胴体）を追加でき、龍神様の御姿を伸ばすと「8面」の御朱印が完成します。金、青、赤、白、黒の5色あり、全種類を連結して1匹の長大な龍神にすることもできます

※その年によってデザインが変わります

東京でも頂ける！

JR新宿駅から徒歩8分

金吾龍神社・東京本宮

御祭神の分霊を奉斎しています。2015年に自然災害で被災した別宮に代わり、神事や御朱印の授与はすべて東京本宮で行われています。ビル5階の一室にあるため、参拝の際は事前に電話で確認をするとスムーズです。建物前に鳥居などの目印はありません。

DATA
住所／東京都渋谷区代々木2-26-5
バロール代々木510
電話／03-5308-3231
（受付時間9:00～17:00）
交通／JR「新宿駅」新南改札から徒歩8分

東京本宮の本殿。昇殿参拝のあとに授与品を頂けます

読者の皆さんからのクチコミを一挙公開!

御朱印&神社 Information

今回、本書掲載の神社や残念ながら掲載できなかった神社の御朱印や境内などについて、「地球の歩き方 御朱印シリーズ」愛読者の皆さんから、編集部に届いたさまざまなリアル情報をご紹介します。

本書掲載神社のクチコミ!

北海道神宮【ほっかいどうじんぐう】

こちらの神社で初めて御朱印を頂きました。神社がすばらしかったです
60代・女性

御利益はよくわかりませんが、すばらしい御朱印とすてきな神社だと思いました
50代・女性

広い境内は自然がいっぱいです!

神社の詳細は▶P.46

龍宮神社【りゅうぐうじんじゃ】

小樽観光のときに立ち寄りました。大きな字で「龍」と書かれた御朱印がうれしかったです
50代・女性

力強い「龍」の字がパワーみなぎる御朱印

神社の詳細は▶P.107

烈々布神社【れつれっぷじんじゃ】

とにかく祀られている御祭神が多いので、御利益がすごいと聞いたことがあります
30代・女性

神社の詳細は▶P.110

姥神大神宮【うばがみだいじんぐう】

出世、金運アップに御利益があるといわれている神社です
60代・男性

神社の詳細は▶P.69

湯倉神社【ゆくらじんじゃ】

うさぎのお守りがかわいい! オリジナルのお守りを作ることができるのも特徴です
30代・女性

好みのお守り袋と願いごとによって異なる御内符を組み合わせてオリジナルのお守りが作れます

神社の詳細は▶P.101

美瑛神社【びえいじんじゃ】

御朱印に「丘のまち美瑛」と緑の筆文字で書いてくださることもあります
40代・女性

私が頂いた御朱印は色づかいがキレイで、見ただけで「凄い」と思いました
20代・女性

随所に見られる隠れハートを探すのも楽しみのひとつです

神社の詳細は▶P.76

上川神社【かみかわじんじゃ】

高校受験の前に参拝したところ、神様に願いが届いて見事合格しました
40代・男性

「狛熊」があしらわれた木製の御朱印帳

神社の詳細は▶P.96

船魂神社【ふなだまじんじゃ】

御朱印帳には船の舵が描かれています。何かを決断するとき、この舵と神社を頭に思い浮かべて自分の行く道を決められるようになりました
50代・女性

北海道最古といわれる神社です。御朱印帳のデザインが好きです！
40代・女性

うねる波と船の舵が施された御朱印帳とお守り

神社の詳細は▶P.56

本書未掲載の神社のクチコミ！

共栄稲荷神社【きょうえいいなりじんじゃ】

御朱印の字体が特徴的です。丹頂のストラップがもらえました
40代・男性

北海道釧路市若松町18-8

北海道神宮頓宮【ほっかいどうじんぐうとんぐう】

狛犬が2対いて、入口の狛犬は縁結び、本殿前の狛犬は子宝に御利益があると有名です
30代・女性

狛犬に触れて御利益を頂きましょう♪

神社の詳細は▶P.49

足を延ばして行ってみたい

秘境神社

市街地からは少し距離があるものの、ぜひ足を運んでほしいおすすめの神社です。御朱印はありませんが、秘められたパワーを頂戴しに、ぜひ出かけましょう。

大岩に祈願すると難関突破の御利益が!?

大岩に難関突破を祈願

【おおぬまこまがたけじんじゃ】

大沼駒ケ岳神社

噴火を繰り返していた駒ケ岳の鎮静を祈願して大《おお》山祇神《やまつみのかみ》を祀ったのが始まり。境内にある大岩は、溶岩噴出で落下した石や火山灰が溶け合ってできた溶結凝灰岩です。毎年春と秋に大沼や駒ケ岳の安全を祈願する「大沼国定公園安全祈願祭」が執り行われます。※現在は落石のため、岩の周辺は立入禁止となっています。

主祭神
大山祇神《オオヤマツミノカミ》

登山の安全、受験の難関突破、家内安全など、人生の困難を突破できると信じられています

大沼湖畔のグラウンドでJリーグ・川崎フロンターレの選手たちも参拝し、2017、18年はJ1で優勝を飾りました

DATA
創建／1914年（1973年移転）
住所／北海道七飯町東大沼
電話／0138-67-2170（大沼国際交流プラザ）
交通／JR函館本線「大沼公園駅」から車10分
参拝時間／日の出～日没まで

＼週末はお寺や神社で御朱印集め♪／

御朱印めぐりをはじめるなら 地球の歩き方　御朱印シリーズ

地球の歩き方
御朱印シリーズ

『地球の歩き方　御朱印シリーズ』は、2006年に日本初の御朱印本として『御朱印でめぐる鎌倉の古寺』を発行。以来、お寺と神社の御朱印を軸にさまざまな地域や切り口での続刊を重ねてきた御朱印本の草分けです。御朱印めぐりの入門者はもちろん、上級者からも支持されている大人気シリーズです。

※定価は10%の税込です。

神社シリーズ

御朱印でめぐる
東京の神社
週末開運さんぽ　改訂版
定価1540円(税込)

御朱印でめぐる
関西の神社
週末開運さんぽ
定価1430円(税込)

御朱印でめぐる
関東の神社
週末開運さんぽ
定価1430円(税込)

御朱印でめぐる
全国の神社
開運さんぽ
定価1430円(税込)

寺社シリーズ
寺社めぐりと御朱印集めが
より深く楽しめる
情報が充実。
期間限定御朱印なども
たくさん掲載

御朱印でめぐる
東海の神社
週末開運さんぽ
定価1430円(税込)

御朱印でめぐる
千葉の神社
週末開運さんぽ　改訂版
定価1540円(税込)

御朱印でめぐる
九州の神社
週末開運さんぽ　改訂版
定価1540円(税込)

御朱印でめぐる
北海道の神社
週末開運さんぽ　改訂版
定価1540円(税込)

御朱印でめぐる
埼玉の神社
週末開運さんぽ　改訂版
定価1540円(税込)

御朱印でめぐる
神奈川の神社
週末開運さんぽ　改訂版
定価1540円(税込)

御朱印でめぐる
山陰 山陽の神社
週末開運さんぽ
定価1430円(税込)

御朱印でめぐる
広島 岡山の神社
週末開運さんぽ
定価1430円(税込)

御朱印でめぐる
福岡の神社
週末開運さんぽ　改訂版
定価1540円(税込)

御朱印でめぐる
栃木 日光の神社
週末開運さんぽ
定価1430円(税込)

御朱印でめぐる
愛知の神社
週末開運さんぽ　改訂版
定価1540円(税込)

御朱印でめぐる
大阪 兵庫の神社
週末開運さんぽ　改訂版
定価1540円(税込)

御朱印でめぐる
京都の神社
週末開運さんぽ　改訂版
定価1540円(税込)

御朱印でめぐる
信州 甲州の神社
週末開運さんぽ
定価1430円(税込)

御朱印でめぐる
茨城の神社
週末開運さんぽ
定価1430円(税込)

御朱印でめぐる
四国の神社
週末開運さんぽ
定価1430円(税込)

御朱印でめぐる
静岡 富士 伊豆の神社
週末開運さんぽ　改訂版
定価1540円(税込)

御朱印でめぐる
新潟 佐渡の神社
週末開運さんぽ
定価1430円(税込)

御朱印でめぐる
全国の稲荷神社
週末開運さんぽ
定価1430円(税込)

御朱印でめぐる
東北の神社
週末開運さんぽ　改訂版
定価1540円(税込)

お寺シリーズ

御朱印でめぐる
関東の百寺
〈坂東三十三観音と古寺〉
定価1650円(税込)

御朱印でめぐる
秩父の寺社
〈三十四観音完全掲載〉改訂版
定価1650円(税込)

御朱印でめぐる
高野山
三訂版
定価1760円(税込)

御朱印でめぐる
東京のお寺
定価1650円(税込)

御朱印でめぐる
奈良のお寺
定価1760円(税込)

御朱印でめぐる
京都のお寺
改訂版
定価1650円(税込)

御朱印でめぐる
鎌倉のお寺
〈三十三観音完全掲載〉三訂版
定価1650円(税込)

御朱印でめぐる
全国のお寺
週末開運さんぽ
定価1540円(税込)

御朱印でめぐる
茨城のお寺
定価1650円(税込)

御朱印でめぐる
東海のお寺
定価1650円(税込)

御朱印でめぐる
千葉のお寺
定価1650円(税込)

御朱印でめぐる
埼玉のお寺
定価1650円(税込)

御朱印でめぐる
神奈川のお寺
定価1650円(税込)

御朱印でめぐる
関西の百寺
〈西国三十三所と古寺〉
定価1650円(税込)

御朱印でめぐる
関西のお寺
週末開運さんぽ
定価1760円(税込)

御朱印でめぐる
東北のお寺
週末開運さんぽ
定価1650円(税込)

テーマシリーズ

寺社の凄い御朱印を
集めた本から鉄道や船の印を
まとめた1冊まで
幅広いラインアップ

御朱印でめぐる
東京の七福神
定価1540円(税込)

日本全国
この御朱印が凄い!
第弐集 都道府県網羅版
定価1650円(税込)

日本全国
この御朱印が凄い!
第壱集 増補改訂版
定価1650円(税込)

一生に一度は参りたい!
御朱印でめぐる
全国の絶景寺社図鑑
定価2497円(税込)

日本全国
日本酒でめぐる酒蔵
&ちょこっと御朱印〈西日本編〉
定価1760円(税込)

日本全国
日本酒でめぐる酒蔵
&ちょこっと御朱印〈東日本編〉
定価1760円(税込)

鉄印帳でめぐる
全国の魅力的な鉄道40
定価1650円(税込)

御船印でめぐる
全国の魅力的な船旅
定価1650円(税込)

関東版ねこの御朱印&
お守りめぐり
週末開運にゃんさんぽ
定価1760円(税込)

日本全国ねこの御朱印&
お守りめぐり
週末開運にゃんさんぽ
定価1760円(税込)

沿線シリーズ

人気の沿線の
魅力的な寺社を紹介。
エリアやテーマ別の
おすすめプランなど
内容充実

御朱印でめぐる
東急線沿線の寺社
週末開運さんぽ
定価1540円(税込)

御朱印でめぐる
中央線沿線の寺社
週末開運さんぽ
定価1540円(税込)

聖地シリーズ

山・森・水・町・島の
聖地として
お寺と神社を紹介

御朱印でめぐる
全国の聖地
週末開運さんぽ
定価1430円(税込)

御朱印でめぐる
関東の聖地
週末開運さんぽ
定価1430円(税込)

www.arukikata.co.jp/goshuin/ 検索

地球の歩き方　御朱印シリーズ 17

御朱印でめぐる北海道の神社　週末開運さんぽ　改訂版
2024年7月16日　初版第1刷発行

著作編集 ● 地球の歩き方編集室

発行人 ● 新井邦弘
編集人 ● 由良暁世
発行所 ● 株式会社地球の歩き方
〒141-8425　東京都品川区西五反田 2-11-8
発売元 ● 株式会社Gakken
〒141-8416　東京都品川区西五反田 2-11-8

印刷製本 ● 株式会社ダイヤモンド・グラフィック社

企画・編集 ● 株式会社カピケーラ（佐藤恵美子・野副美子）、西島圭子
執筆 ● 有限会社らきカンパニー・鈴木理恵子・中村昭子・高田薫・矢郷真裕子
デザイン ● 又吉るみ子〔MEGA STUDIO〕
イラスト ● ANNA・湯浅祐子〔株式会社ワンダーランド〕
マップ制作 ● 齋藤直己〔アルテコ〕
撮影 ● 光写真事務所（亀谷光）
校正 ● ひらたちやこ
監修 ● 株式会社ワンダーランド
協力 ● 北海道観光振興機構
編集・制作担当 ● 今井歩、河村保之

●本書の内容について、ご意見・ご感想はこちらまで
〒141-8425 東京都品川区西五反田 2-11-8
株式会社地球の歩き方
地球の歩き方サービスデスク「御朱印でめぐる北海道の神社 週末開運さんぽ 改訂版」投稿係
URL ▶ https://www.arukikata.co.jp/guidebook/toukou.html
地球の歩き方ホームページ（海外・国内旅行の総合情報）
URL ▶ https://www.arukikata.co.jp/
ガイドブック『地球の歩き方』公式サイト
URL ▶ https://www.arukikata.co.jp/guidebook/

※本書は基本的に 2024 年 3 月の取材データに基づいて作られています。
発行後に料金、営業時間、定休日などが変更になる場合がありますのでご了承ください。
更新・訂正情報：https://www.arukikata.co.jp/travel-support/

●この本に関する各種お問い合わせ先
・本の内容については、下記サイトのお問い合わせフォームよりお願いします。
URL ▶ https://www.arukikata.co.jp/guidebook/contact.html
・在庫については　Tel ▶ 03-6431-1250（販売部）
・不良品（落丁、乱丁）については　Tel ▶ 0570-000577
学研業務センター　〒354-0045　埼玉県入間郡三芳町上富 279-1
・上記以外のお問い合わせは　Tel ▶ 0570-056-710（学研グループ総合案内）
© Arukikata. Co., Ltd.
本書の無断転載、複製、複写（コピー）、翻訳を禁じます。
本書を代行業者等の第三者に依頼してスキャンやデジタル化することは、たとえ個人や家庭内の利用であっても、著作権法上、認められておりません。

All rights reserved. No part of this publication may be reproduced or used in any form or by any means, graphic, electronic or mechanical, including photocopying, without written permission of the publisher.

※本書は株式会社ダイヤモンド・ビッグ社より 2018 年 12 月に初版発行したものの最新・改訂版です。

学研グループの書籍・雑誌についての新刊情報・詳細情報は、下記をご覧ください。
学研出版サイト　https://hon.gakken.jp/
地球の歩き方　御朱印シリーズ　https://www.arukikata.co.jp/goshuin/

＼感想を教えてください！／

読者プレゼント
ウェブアンケートにお答えいただいた方のなかから抽選で毎月3名の方にすてきな商品をプレゼントします！
詳しくは下記の二次元コード、またはウェブサイトをチェック。

https://www.arukikata.co.jp/guidebook/enq/goshuin01